中村天風の名言

人生を変える120の教え

言葉 中村天風
解説 今川得之亮
（中村天風財団講師）

宝島社新書

はじめに

本書には、哲人中村天風の名言と、天風著『真人生の探究』の内容についての直弟《じきで》子《し》でもある著者（今川得之亮）独自の解釈、の二つを載せてある。

今までに多くの天風講演録が発刊され、どれもが読者に大きな感銘を与えてきたが、おそらくほとんどの読者には、「なるほどそういうことなのか」とか、「不思議と納得できるなあ」という想いが浮かんできたことだろう。

ではこのような想いは何処から浮かんでくるのだろうか。思ったり考えたりして浮かんだ想いではないはずだ。一人ひとりの心の奥（潜在意識）からひとりでに浮かんできているのである。ということは、日ごろは気付かずとも、天風の言葉に納得し、同意する心の素地を、私たちがもとから持っているということなのだ。言い換えるなら、私たちの心は、天風に限らず、他の人々とも、人間の「本心」という処《ところ》では通じ合っているということなのである。

実はこれらの講演録のほとんどは、天風が心身統一法の基本を説いた定期講習会の履修者を対象にして行った講演を文字に起こしたものであるから、本来なら、教えに関する基礎知識を携えて読まれるのがベストなのである。なぜなら基礎知識を持っていれば違った読み方をするだろうし、内容の理解も進むにちがいないからだ。

本書の題材とした『真人生の探究』は1947年初版である。天風がこの教えの普及を始めて以降、30年近くにわたって本を書かなかった理由を同書の序文で「実践を主体とするこの種の教えは、人格と人格との接捗《せっちょく》（直接の触れ合い）でないと伝わらない。文書を通じてでは教えの機微に触れることができない」と述べているが、書くにあたっては会員からの熱烈な要望に応えて刊行されたという経緯がある。いずれにしても、今となっては教えを学ぶための教科書ともいうべきものとなっている。

そこで、天風教義に興味を抱き、これから学んでみたいと思う方が『真人生の探究』を読まれる際のアシストができればと考えたのが、本書を書くに至った動機である。

さて、人生には「縁」という摩訶不思議なメカニズムがついてまわる。仮に私が家内と結婚していなければ、子どもたちも、ましてや孫たちもこの世に生まれてきていない。しかしこういった血縁とは別の大切な「縁」もある。それは「誰と巡り会うかで人生が決まる」という「縁」で、その最たる例が師との出会いといえよう。

我が家と哲人天風との縁はおおよそ80年前にさかのぼる。知識欲が旺盛な祖母がたまたま聴講したのが師の講演だった。帰宅するやいなや、「今までこんなに感銘を受けたお話はなかった」と興奮気味に話すと、これを聞いていた祖父が「お前は騙されているにちがいないから私が確かめてきてやる」と言って、翌日の講演を聴きに行ったのだが、今度は祖父が祖母以上に興奮して「あの方は本物や」となった。

概して人は、初めての事に出会うと自分の知識や経験を物差しにしてそれを測る。だがそれで測れないと、本当かな？と疑い、そんなはずは？と否定し、時にはそんなことは絶対にないぞと決め込んでしまう。

ところが、この点で祖父母は違ったのだろう。おそらく何の物差しも使わずに講演を聴き、直感で師の教えの価値に気付いたにちがいない。だからこそ、即座に入会金（45円＝当時の公務員の一般的な月給）を払って入門したのである。

我が家のような、無名の市井の人の心に感銘を与える天風の人格であり教えであるゆえに、数多くの著名人が入門し、なかにはその世界で第一人者とされる人々もいたが、流石と思わせるのは、この人たちが皆一同にその立場を捨てて、赤ん坊のような素直な心で天風に師事したということであろう。

事実、天風は初めて教えを学ぶ人に向かって、「私の教えを批評するもよし、批判するもよし、だが拒否をしてはいけない。拒否をすれば教えとの縁を自分で切ることになるからである」と説き、そして「私の話を聴くときは、頭の中を空っぽにしておいでなさい」と言った。頭の中を空っぽにするというのは、自らが経験したヨガ修行に入る際の絶対条件がこれだったからである。

天風の身体から出るオーラに、講演を聴けばその説得力に、ついぞ巻き込まれてしまうばかりか、対峙《たいじ》すると自分のすべてを見透かされているよう（実際にその通りである）で、心がおのずと素直になっていかざるを得なかった。

しかし天風亡き今は、自分で素直になるしかない。素直になる近道は、かつての幼《おさな》心《ごころ》を思い出すか、心の底から「うれしいな」とか「ありがたいな」と思っている時の気持ちになることだ。

天風の人物と教えに感動した旧日本海軍の東郷平八郎元帥は、次の書をもって天風を哲人と称えている。

神國哲人出　神国に哲人が現われ
扶桑霊海開　日本国の精神界を開いた
英雄與兒女　英雄から女性、子供までの
都入法門来　すべての人が教えの門に入ってくる

東郷元帥をはじめ、多くの名だたる人物が教えを学んだが、この人たちが教えの価値を認めたのは、教えを吸収できる素地（知識や経験）に加え、教えの実践を日々怠らなかったからである。
天風の教えは「何もしなくても助けてくれる」という教えではない。
だが正しく実践さえすれば、必ずや「自分で自分を助ける教え」になる。

今川得之亮（中村天風財団講師）

目次

本書に掲載されている中村天風の名言は、中村天風の著述より言葉を抜粋引用したものです。引用にあたっては、意味を損なわない範囲で、文章の再編集、語句の言い換えをしている箇所があります。

カバー・帯デザイン／bookwall
本文デザイン・DTP／ユニオンワークス
カバー写真／中村天風財団提供

第一章

私は力だ 力の結晶だ

――人間の使命と天風哲学

私は力だ
力の結晶だ

『天風誦句集』

中村天風の魅力

「天風の魅力は？」と問われれば、あらゆるものを引き付けるオールマイティな魅力といえるだろう。天風の手にかかれば、獰猛《どうもう》なトラが従順になり、オオカミ犬がじゃれつき、無数のハトが寄ってくる。一方で、各界の名だたる人物たちが教えを乞いに門をくぐった。いずれも本質を見抜く目を持っているからこそで、動物は安全な相手であると、名だたる人たちは教え以上の何かを、直感で感じたのである。これは、天風こそが「人間のあるべき姿」そのものだからだろう。もっとも自然なあるべき姿だからこそ、勘の鋭い動物は警戒心を抱かず、教えを乞うた人たちは「この人の言葉に嘘偽りはない」と感じたに違いない。独特の気品も魅力で、名優とうたわれた七代目松本幸四郎は「先生には敵わない、歌舞伎役者顔負けだ」と評したという。

上流の家系に生まれ、生来の頭脳明晰にして剛毅、剣の達人でもあり、軍事探偵のころに何度も命のやり取りをするなど、大佛《おさらぎ》次郎の時代小説「鞍馬天狗」のモデルになったともいわれるスリリングな経歴を持ち、厳しくて優しくて粋でお洒落で……何もかも持ち合わせた人物が、歴史に残る哲学大系を構築した。「天は二物を与えず」はつくづく嘘だと断言できる。

一切の苦しみをも微笑《ほほえ》みにかえていくようにしてごらん。そうすると、悲しいこと、つらいことのほうから逃げていくから。

『心に成功の炎を』

ヨガの聖者との出会い

右胸に大きな病を抱えていた中村三郎（天風の本名）は、カイロでヨガの聖者カリアッパ師と遭遇。「私についておいで」と、磁石で引っ張られるかのように、ヒマラヤ東部の高峰カンチェンジュンガの麓《ふもと》にある、ヨガの修行地へ連れていかれた。修行者の地位は、カースト制度の最下層のさらに下で、家畜以下に扱われた。日本で上流に属していた三郎は「こいつらと一緒にされてたまるか」と思ったが、その優越心が「修行に必要な心」の形成を邪魔した。頭の中を空っぽにしなければ、教えが心に入らないからだ。修行が始まりしばらくすると、聡明な三郎はハタとこれに気づいた。現地人の修行者を見て、「もしかすると奴らの方が、素直かもしれない」とさえ思った。3年近くにわたった修行は難行苦行であったが、やがて肉体を介した修行は、三郎を「聖なる体勢」へと導き、精神を介した修行は、その心を「三昧境《さんまいきょう》（解脱の境地）」へ至らせ、ついに「我の本質」を悟らせた。

ヨガの里を離れる三郎に、聖者は「私の目に狂いはなかった」「聖なる悟りを自分だけのものにしてはいけない」と語って送り出した。天風の波乱の人生は、ここで前半の幕を閉じ、日本で後半の幕が上がることになる。

幸福のとき、幸福を考えろってんじゃないんだよ。どんな不幸をも幸福のほうにチェンジして考えるんだよ。

『力の結晶』

ウパニシャッド哲学

紀元前2000年ごろに西北インドへと侵入し、インダス川流域（今のパンジャム地方）に定住を始めたアーリア人を、インド・アーリア人と呼ぶ。彼らの宗教は多神教で、その中でもカースト制度の頂点にある僧侶階級が中心となって発展したのがバラモン教だ。バラモン教の祭祀《さいし》で神に捧げる讃歌を記録した文献を「ヴェーダ（聖典）」というが、ヴェーダの中で最古のものがリグ・ヴェーダで、のちに祭式の分化に伴って4種のヴェーダが派生する。

一方で、時代と共に宗教儀式が形骸化していくと祭式万能主義への反省が生まれ、ヴェーダに付随する文献が新たに編纂されていった。それらは、儀式の意義や方式を記した祭儀書（梵書《ぼんしょ》）、森林の中で行う秘法・秘義を載せた森林書、哲学的色彩をもつ奥義書（ウパニシャッド）に大別される。長い年月をかけて多くのウパニシャッドが作られ、学問としてのウパニシャッド哲学が体系付けられた。これが後に仏教の誕生に寄与する。なおウパニシャッド哲学を探究するにはいくつもの方法があるが、その一つが静かに端座瞑目《たんざめいもく》して精神の統一を目指す修行方式で、これが一般にいわれるヨガ（ヨーガ）である。

恐ろしがっても恐ろしがらなくても、死ぬときは死ぬと思ってりゃ、恐ろしかないでしょう。

『幸福なる人生』

天風哲学の源流

あるウパニシャッドは「そも、宇宙の因たるものとは何ぞや」という詞《ことば》で始まり、「実際の宇宙の始まりは無であった。そして其処《そこ》から有が生じた」とし、これに基づいて大宇宙の根源を梵（ブラフマン）、個人の本体を我（アートマン）とする、梵我《ぼんが》一如《いちにょ》の思想が形成された。もともとウパニシャッドにはサンスクリット語で「近くに坐す」との意味があり、そこから師弟が近侍して伝授する「秘密の教義」の意となり、さらに宇宙の真理を載せた聖典（文献）の総称へと変化していったという。

カリアッパ師の教授方法はまさにこれで、三郎を高弟とみなした。書物などを用いず、余人を介さない、マンツーマンの、心から心への直接の伝授だった。後年、天風はこれにならって「この種の教えの伝授は、人格と人格とが接しないと捗《はかど》らない」として、講演（口伝）方式で教えを説いたので、1947年に『真人生の探究』が発刊されるまでは、教本となる類の書物はなかった。

ウパニシャッド哲学は天風哲学の源流といえるものだが、あくまで私は源流でしかないとみている。天風哲学はウパニシャッド哲学における「悟り」を出発点とし、それ以降の天風独自の知見を加えることで確立された哲学だからだ。

人生は心であり、観念であります。これこそが、人生を極楽にもし、また地獄にもすることができ得る、唯一のものなんです。

『君に成功を贈る』

教えのベースとなるもの①――宇宙観・生命観

宇宙真理に関する天風の悟りは、インドでの梵我一如の悟りに始まり、独自の宇宙観、生命観、人間観、人生観へと発展していった。

「宇宙観」について、天風は宇宙誕生の因とする梵（宇宙根源）を〝見えざる実在〟あるいは〝造物主〟と呼び、敬虔な気持ちを込めて〝宇宙霊《うちゅうれい》〟とも名付け、そして「観念的な存在」であると同時に、森羅万象を造り出すエネルギー（力）であると結論付けた。さらに天風は宇宙根源の実在を私たちに理解させるため、その科学的説明を、量子論の創始者といわれるマックス・プランク（1918年ノーベル物理学賞受賞）が導き出したプランク定数（作用量子）に求めた。想像するに、この定数によって光子（物質を構成する最小単位である素粒子の一つ）が、物質である粒子と、エネルギーによる作用である波動の性質を併せ持つことを説明でき、これが宇宙根源の相（すがた）と重なるからである。それが「生命観」へとつながり、梵＝根源のエネルギー、我＝生命体を活動させている力の本源、と捉えた天風は、我の本体を「永遠の命／生命」とも表現した。だからこれは、私たちが「生」と「死」で規定する生命とはまったく異なる生命観なのである。

たとえ身に病《やまい》があっても、心まで病《や》ますまい。
たとえ運命に非なるものがあっても、心まで悩ますまい。

『天風誦句集』

教えのベースとなるもの②──人間観・人生観

「人間は万物の霊長である！」。これが天風の「人間観」である。類人猿の中で遺伝的に人間に最も近いのはチンパンジーで、500万年ほど前に共通の祖先から分岐して別々の進化を遂げたが、人間との能力差は歴然としている。

天風は宇宙霊が自らを源にして次々と派生させた万物を、常に〝より良く〟しようとしていると観てとり、そこに進化・向上という言葉を当てはめた。宇宙霊はいかなる意図で、人間を進化の頂点に据えたのか。この意図さえ分かれば、「人生という有限の時間を使って何をなすべきか」ということが見えてくるに違いない。

天風の「人生観」のキーワードも、やはり進化・向上である。「宇宙のありとあらゆるものを創った宇宙霊が、万物の霊長といわれる人間を、何の使命も与えずに創るはずがない」と考えた天風は、「人間は重大な使命を帯びて生まれた」と喝破した。その使命とは、「万物は常に進化・向上している」という宇宙原則にならって、世の中を進化・向上させることだ。だから、天風からは「二度と生まれてくることのできない、ただ一度の人生を、生まれがいのある、活きがいのある人生にしなくてどうする。万物の霊長なのだぞ！」とよく叱られたものだ。

人間というものは、幸せに生きられるんですよ、幸福にね。そういうふうにできてるんだから！

『真人生の創造』

「気」とは何か

天風の教えを学んでいく上で、あらかじめ「気」についての認識を確実にしておくと理解の手助けとなる。「気」という字を用いる言葉の中で、最もよく使うのは「元気」ではないだろうか。元気の概念は、始皇帝で知られる秦の後期から前漢の前期（紀元前200年前後）にかけ、宇宙の発生の根源について、あるいは万物が存在する根拠について考える際に成立したという。この「元の気」が陰陽五行説へとつながっていくが、我が国においても貝原益軒《かいばらえきけん》が『養生訓』の中で「人の元気はもともと天地の万物を生じる気である。この気が人の身体の根本である」と説いている。

私たちはどのようなイメージで「元気」という言葉を使っているだろうか。「あの人は元気だね」といった場合は、顔色・肌つやが良い、声が大きくて張りがある、といった評価が基準になるだろうが、これは人の「我」の本体から出ている気の「力」が肉体に現れているのを感じ取っていることに他ならない。「気」というのは、五感以外（第六感？）で感じる不思議な存在といえる。だが、このように何の抵抗感もなく世間で共通の概念として成立しているのであれば、科学的に説明することはできなくとも、間違いなく存在していると考えられるのだ。

「生《せい》」を重点にするとね、生に対する執着念が盛んに燃え出すんです。しかし、「死」を重点とすると、今こうして生きていることのありがたさが、しみじみと感じられるんだよ。

『信念の奇跡』

悩み癖は克服できる

天風が自ら体系化した「心身統一法」の真髄を最初に書き下ろした著書『真人生の探究』の自序には、「病」「煩」「貧」を減らすことを目的として、心身統一法と称する第一義的人生道を教えてきたと述べてある。だが、今や「病」に関しては医学の進歩によっておおむね対処できるし、「貧」もセーフティネットによって何とかカバーできている。残るは「煩」だが、これればかりはむしろ増えているようで、自分が置かれている状況や境遇を、他者と比較して苦労や不平不満を覚えるような相対的なものの観方《みかた》を改めない限り、いつまでたっても「煩」の種は尽きない。じっくり構えて学びを続けていれば、いずれは「苦労を苦労と思わない」ようになれる。だからこそ、天風は「苦労するためにこの世に生まれてきたのではないぞ」と弟子を叱り、「二度とない唯一度の人生を、生まれがい、活きがいのある価値高い人生にしなくてどうするのだ」と諭した。

天風は人間の真の価値、生命の尊さ、そして何より宇宙で適用されるルール、これらの本質を悟り、そのすべてを把握しているからこそ、世の中の一人ひとりが自らと同じ見識を持ちさえすれば、素晴らしい真の人生が実現すると確信していたのである。

誰でもが幸福になれる資格を与えられ、誰でもが幸福に生きられる権利を与えられている。

『真人生の創造』

学ぶ際のポイント整理

では、天風の教えを学ぶにあたり、どのようなことを頭に入れておいたほうがいいのか。

天風の哲学を理解し、活かしてくための10のポイントを列記する。

（1）まず「ウム、どういうこと？」と興味をもってほしい。食わず嫌いが最もよくない。（2）批評も批判も大いに結構。それは教えが思考回路をぐるぐる回っている証拠である。（3）教えをつかもうとして科学的な理論に頼ると、教えの本筋を見失うリスク大である。（4）あまり熱心にならないほうがよい。情熱はすぐに冷めるから。（5）学んだことは必ず生活の中で実践する。教えを身につける唯一の道ゆえである。（6）ほんのわずかでも成果を見つけ出すこと。「あれ、良くなっている」と自信になる。（7）学びが楽しくなってきたらしめたもの。生活に溶け込んでいる証拠である。（8）他人から「変わったね」と言われたら万々歳。客観的評価は確かなお墨付きである。（9）教えが潜在意識に入っていけば本物。もっとも、相当な努力と時間が要るが……。（10）とにかく続けること、そして止めないこと。この教えはエンドレスだから。

言葉はねえ、言霊《ことだま》というのが本当なのよ。
言葉というものは魂から出てる叫びなんだから。

『成功の実現』

天風はまず問う、「人間とは何か？」

ここからは『真人生の探究』を題材として具体的に天風の教えを探求していこう。「人間!!　それは、一体何であろう？」。天風の教えはこの問いで始まる。宇宙空間の森羅万象には必ず因と果がある。そもそもの「因」を宇宙根源とするなら、人間の因も同じくそこだが、「果」に行きつく過程は様々である。もし共通の祖先を持つチンパンジーと分かれ道の選択が逆であったら、人間は動物園（人間園？）の檻の中でチンパンジーから餌をもらっていたかもしれない。そう思うと、何の理由もなしに我々が人間になったとは考えられないはずだ。

続いて、天風は「人間とは、幸福なものか、それとも不幸なものか」「特に、病や運命に対して、強いか、それとも弱いか」と問いかける。経済至上主義の波に翻弄されての生活を送っていると、ついぞ富や地位や名誉などの他人との比較で幸福の度合いを測ってしまいがちだ。すると他人より勝っていればよいが、そうでなければ苦悩やむなしさといった感情を生み、それが怒り、憎しみ、不平不満へと広がり、人生を苦労の場と捉えてしまうことになる。したがって、このように苦労性が身についてしまうと、病や運命に対して強くあろうはずがない。

具合が悪いときに具合が悪いと言ったら、具合が悪いのが治りますか？
運命が悪いときでも「ああ、俺はなんてついてないんだ」って言ったら、運命がよくなりますか？

『君に成功を贈る』

死をどう捉えるか

では幸福とは一体どういうものだろう。一番幸福なのは何の心配もなく安心感を抱いている時だ。安心の裏返しは恐怖で、その最たるものは死であろう。これは生命が有限であるゆえに抱く心理であり、つまり有限でなければ抱く必要がなくなる。

私の祖父は天風の教えをしっかりとつかんでいたこともあって、死に際の態度は大変に立派であった。死の数週間前に「このままでは看病している祖母が倒れる」と言って、毎日点滴をしてもらっていた往診を丁寧に断り、葬儀の手順を指示した上で、自分の意思で1週間前から飲食を断った。そして数日前になると「お仏壇を開けたままでお灯明《とうみょう》を点けておいてくれ」と最後の指示を出し、次に行くところを楽しみにしているかのように、安心した顔で最期の眠りに入った。

個（私）の本当の姿は、梵（宇宙霊）そのものである命／生命と同一同質である我（私の本体）に、心と身体をくっつけたものである。よって、死という最大の恐怖が訪れようとも、消滅するのはこの世で使った心と身体だけで、私の本質は変わることがないのだから「これほどの安心はない」と捉えられる。こうしたものの観方こそが、天風の教えを学ぶ上での大事な視点となるのである。

ためしに、おかしくもなんともないときに、「アハハ」って笑ってみてごらん。なんだかおかしくなってくるから。

『君に成功を贈る』

人間の絶対的価値

あらゆる事象を相対的に比較検討し、それに対応することで生活してきた私たちにとって、「人間の本質の絶対的価値について考察しろ」というのは無理難題に等しい。そこで、今までの慣れている相対的なものの観方を詰めていけば、目的の観点にたどり着きやすくなる。比較対象を哺乳類以上の動物に限定して、人間と動物との比較によって「人間の絶対的価値」を検討してみよう。

人間と動物の最たる差異は、一体どういう目的でこの世に生まれ、有限の時を過ごしているのか、である。動物の目的が種の保存にあることに間違いはなく、それが唯一の目的といっても過言ではない。対して人間は、種の保存は目的順位のトップにこない。つまり人間は種の保存より重要な目的、それも動物に求めても無理な、人間にしかできない目的を果たすため、この世に生まれたと考えるのが妥当である。

となると、目的を果たすには、必然的に動物にない力を生まれながらに人間が保有していなければならないことになる、人間だけが保有していて、他の一切の動物は保有していないとなると、これはもう比較の範囲ではない。したがって、人間だけがその力を本質的に保有していること自体が、絶対的価値となってくる。

寝床に何しに行くんだ。考えに行くん
じゃなかろうが。
あそこは考えごとは無用のところ。

『天風先生座談』

人間だけがもつ「潜勢力《せんせいりょく》」

人間の真の価値が分かれば、改めて自分を観察してみよう、考察してみよう、という気持ちが湧いてくるに違いない。真の価値を担保するものが何かというと、天風によれば、それは人間なら生まれた時点で誰彼の区別なく自らの内奥深くにある、動物では絶対に持つことができない「潜勢力」と称する特殊な力である。

この力を確実に発現することができれば、人間の一生は健康を順調に維持し、運命を思いどおりに開拓でき、天寿をまっとうするまで幸福に生きられるように設計されていると、天風は説いている。

有名な哲学者で「人間学の創始者」ともいわれるカントも、「人間には、病者にも健康者にも、あらゆるすべての人に、その命の中に自己の健康を確保し、また自己の運命を開拓し得る、感謝に値する『余力』を生まれながらに与えられている」と述べている。この言葉を借りれば、健康を維持できず、運命を拓けないのは、余力を出し切れていない結果ということになる。一方、天風も同じように「諸君は潜勢力の数パーセントしか使っていない」と言っている。余力と潜勢力は表現こそ違っても、天風とカントの「内在する力」に関する観方はいみじくも同じことになる。

右側に撩乱《りょうらん》たる花園があり、左には墓場や死骸がごろごろと転がっている。右見てれば、目にうるわしい花が己を楽しませてくれるのに、左ばかり向いていて、なんてこの世は残酷《ざんこく》なもんだと考えてる奴があったら、その人間をほめるかい？

『成功の実現』

内在する力を「ある！」と信じる

大事なことは「内在する力」を、単なる知識ではなく「ある！」と信じて疑わないことだ。先哲ソクラテスの言葉とされるものに「Know thyself（汝自身を知れ）」という名言があるが、これは「己の分を知り、その分を超えるな」という意味ではなく、言葉の真意は「自分自身の本質、真の価値を知れ」なのである。

この箴言《しんげん》（戒めの言葉）を目にしたころの天風は、病と不運に苛まれ、その悲惨な境涯から抜け出ようと必死にもがいていた時期であったが、「汝自身を知れ」という言葉は悲観や煩悶から目を覚ます警鐘となり、反省を促す鞭となった。

天風の心には「崇高な人間としてこの世に生まれてきた以上は、たとえ明日に結核で倒れようとも、できる限り人間の尊さに逆らわないで生きようと努めなければ嘘だ。そうでないと、人間の本質を冒涜《ぼうとく》することになる」という確信が生まれ、それればかりか形容のできないような安らぎを覚えたという。

ここにインドでの梵我一如の悟りが潜勢力として具体化すると同時に、「人間というものは、世間が思っているよりもはるかに尊く崇高なものだ」という人間観・人生観が確立され、天風を「真人生の探究」へと駆り立てることになったのである。

モデルが完全であってこそ、作品も完全なんだ。
想像はつまるところ、人生形成のモデルなんだ。

『盛大な人生』

人間の使命①――世の中の進化と向上の現実化

我々に前もって与えられている潜勢力は、「人間にしかできない使命」を果たすのに使う力である。「人間だけ」が遂行できる使命が何かというと、「宇宙原則に即応して、この世の中の進化と向上の現実化のために努力する」ということだ。進化は、自らに降りかかる種々の変化や危機に適応し、それを乗り越えることができた結果の表れといえる。一方、向上とは、昨日より今日、今日より明日へと、よりレベルアップしていくことをいう。

この進化と向上の前に「世の中の」という言葉がつくと、「では具体的に何をすればよいの?」と迷ってしまうかもしれない。だが、何も大層に考える必要はない。

まず自らが世の中の変化への対応力を高め、それに伴って他人や社会がより良い状態になればよいのである。簡単な例を挙げると、生活習慣を改善したら病院を受診する機会が減って国の負担する医療費が減った、スキルアップすることで仕事の処理量が増して同僚の負担が減った、ママ友の集まりで「これからは他人の悪口を言わないようにしましょう」と提案したら明るく楽しい会話が増えた、といった、「えっ、その程度で?」というくらいでもよいのだ。

せっかく縁あってこの人生に生まれたならば、そりゃもう飽きることはなかろうけれども、飽きるほど生きてるほうが得だぜ。

『心に成功の炎を』

人間の使命②——人にはそれぞれの役割と活動場所がある

人には人それぞれの役割と活動場所がある。社会の第一線で活動中の人はその仕事の場で成果を出し、介護を必要とする人はサービスを受ける場で介護人の負担の軽減を図り、といった具合でよいのだ。要は自己本位な考えに囚われるのではなく、「もしも他人の立場なら」という意識を常に持っておくことである。

他人のことは捨て置いて、富を手に入れて贅沢をし、地位を上げ名誉も得て権力を行使し、さらに健康を維持して運命も安らかでありたいという具合に、本来の使命という目標をどこかへと追いやり、自分本位の生活をしているようでは、いくら努力をしても本当の幸福は来ないぞと、天風は言った。

なぜなら、人生の一切は宇宙原則の中の報償の法則に支配されていて、この法則はあくまでも公平に適用されるからである。人生の第一義的目的である「本来の使命」の遂行を常としなければ、第二義的目的である富や地位や名誉といった私欲は絶対に手にすることはできない。望みを叶えるには力がいる。潜勢力は望みを実現させる力であるが、この力は「本来の使命」を遂行している時に最も多く発現していることを肝に銘じておくべきである。

「忙しい」という字は、「心《りっしんべん》」に「亡」と書きます。

だから、「忙しくてしょうがねえ」というのは、おれは体ばかりで、心が亡くなっちゃったというのと同じことなんだから、これは恥ずかしいことなんだ。

『心を磨く』

潜勢力の「六つの力」

潜勢力の発現に難行苦行をする必要はまったくない。使命の遂行を日々の生活目標にしている人には、心の奥深くから自然と現れ、肉体方面あるいは精神方面の具体的な力となって活動するようにできている。

天風は、潜勢力が実生活上でどのような力となって具体的に表れているのかを説明するために、便宜上、これを（1）体力、（2）胆力、（3）精力、（4）能力、（5）判断力、（6）断行力の六つに分類した。

その中でも、私が最も重要だと思っているのは胆力だ。胆力とは、強い精神力と勇気の源であり、恐怖に克《か》ち、怒りを統御する力である。

では、なぜ心の状態を表すのに「胆」という字が使われるのだろうか。ここで頭に浮かぶのが「肝を潰す」という言葉である。古人は精神的衝撃が加わった際に生じる心の動揺と、上腹部の重圧感や鈍痛などの身体的症状との間に相関性を見出し、肝胆を心の在りかとしたのだろう。胆力とは心の力である。弱い体力は心でカバーできても、弱い心を体力でカバーすることはできない。この関係は体力以外の四つの力においても同様であり、大事なのは肚を練って胆力を養うことである。

罰当りな現代人よ、人生の一部分が手に入った、入らない、で悩んでいないか。

『君に成功を贈る』

自分の中の「六つの力」を評価する

六つの力（潜勢力）は、人間が享受できる権利として万人に平等に与えられてはいるが、公平に分配されているかとなると、それぞれの力の優劣や強弱については〝生まれつき〟で個人差があり、とりわけ能力に関してはアスリートや芸術家の世界でこの差をよく見かける。その反面、いくら天分に恵まれていても宝の持ち腐れにしてしまう人も少なからずいるのも事実である。

誰にも長所もあれば欠点もある。六角形のレーダーチャートを用いて、六つの力を客観的に分析し、それぞれ5点満点で評価してみてほしい。六つの力のバランスが分かれば、自分の特長が見えてくるから、それを決して悲観せず、慢心もせず、劣っている力は改善に努め、優れている力は伸長を図っていくことが大切だ。

野球を観ながら、このグラフを使って採点してみると、いろいろなことが見えてきて面白い。投手の場合なら、球の速さ、制球力、変化球の精度、スタミナなどを軸にする。たとえば、42歳のヤクルトの石川雅規は、身長が160センチ台と小柄で球威はないが、多彩な変化球をコントロール巧みに使い分けて打者をキリキリ舞いにし、体格のいい速球派の若いピッチャーに負けない活躍ができる背景が見えてくる。

今の人はマスコミの発展でいろんなことを知ってるね。本当に人生に必要な尊いことはちっとも知らないで、猫の目のようにコロコロ変わる消極的な情報の波にあっちこっち引きずり回されて。

『信念の奇跡』

欠点は胆力でカバーできる

石川の活躍は球種の多さとコントロールのよさに大きく起因しているが、それ以上に勝ちの要因として挙げられるのは度胸、先述した「胆力」であろう。

プロの一軍枠に入れるほどの選手は、投手なら人並み以上の速球、打者を惑わせる変化球、捕手が構えた場所にピタリと投げ込めるコントロールなどがあり、打者であれば打てる、守れる、走れるなどの秀でたものが何か一つはあるはずだ。それなのにレギュラーになれないのは、得意分野が満点であっても、他の分野の点数の低さがこれを帳消しにするからである。

投げた、打った、走ったよりも観ていて面白いのは、選手が見せる表情だ。マウンドにいる投手の表情や目を見ていると、心拍数まで推測できる。ベンチにいる控え選手の表情も、しょんぼり、ふてくされ、あきらめ、なにくそ、次はやるぞ、と様々。好不調（成績）の波と心の状態とには相関性があるようだ。特に準レギュラークラスの選手には、打たれたら（打てなかったら）使ってもらえない、二軍に落とされるといった不安がプレーを萎縮させる。だからせっかく素質があるのに伸び悩んでいる選手を見ると、心の扱い方をぜひともつかんでほしいとついぞ思ってしまう。

人生を、あまり難しく考えないほうがよい。難しく考えるとわからなくなる。真理は足もとにある。高遠《こうえん》な学理の中にあるのではない。

『運命を拓く』

人生評価における四つの物差し

六つの力は、人生評価の物差しとなる「長さ」「強さ」「広さ」「深さ」に反映される。この四つが充足されていない場合は、六つの力のどれかの不足を意味していると天風は言った。この四つの物差しをそれぞれ解説しよう。

「長さ」は、二度とない人生だから長生きするに越したことはないが、生の期間を決めるのは、天寿という言葉があるように「あちら」（天）であり、単にこの世に存在している時間が長ければいいわけでもない。もらった命を活かしていなければ意味がないからで、問題は人生の質であり、これを決めるのが残りの三つだ。

「強さ」は、肉体面では病気に罹《かか》らず健康で、精神面では心が折れないことを指す。生き物の肉体は年齢を重ねるたびに「強さ」を失っていくが、人間だけはやり方次第で肉体の衰えを補って余りある、強い精神力を手にすることが可能である。

「広さ」と「深さ」の解釈は様々だが、私の頭に浮かぶのは「世のため、人のために潜勢力を使う」という言葉だ。世の中に対して、自らの潜勢力が及ぶ範囲が「広さ」となり、その力の影響力が「深さ」となろうが、範囲にはあまり捉われる必要はない。たとえ一隅であっても明るく照らしていれば、それはそれで価値があるからだ。

如何《いか》なる場合においても
心を虚《きょ》に　気を平《たいら》に

『天風誦句集』

潜勢力の発現方法――「心身の統一された生活法」の実践

どうすれば潜勢力を発現できるのだろうか？

この力は、ただ一つの条件を満たせばおのずと発現する。その条件とは、日々の生活内容の純正化、言い換えるなら「心身の統一された生活法」の実践である。

純正化とは、生活のすべてを〝人間本来の面目〟に則している内容、つまり自らの個人的欲望のためでなく、世の中の人々、とりわけ病弱や悲運に苛まれている人々の役に立つ生活内容にすることだ。ならば個人的欲望を追求してはいけないのかというと、そうではない。私が学生のころ、天風から「どんどん勉強して偉くなれ、金持ちになっていいんだぞ」とよく言われたが、これは得た知識、地位、富を社会貢献のために使うなら個人的欲望に該当しないからだ。事実、天風はインドで得た悟りを基に創見した心身統一法を広めるべく、富と地位を投げうって辻説法を始めたのだから、この言葉には説得力があった。

では、純正化のために何から始めるか。まず寝際に「よし、今日も充実した一日だった」、起床時に「今日も精一杯やろう」と口に出してみよう。言葉は必ず脳へとフィードバックされ、言葉どおりのことを実現しようとする思考が回り始める。

いのちの力の使い方――
結論からいうと、これは極めて短い言葉で表現することができる。すなわち、「力を入れることに重点を置かずに、力を働かすことに重点を置く」――これである。

『哲人哲語』

「純正化」を阻む生活とは?

純正化を阻む生活法というものがあり、これを天風は四つに分類している。

一つ目は「本能本位の生活」。食や睡眠を貪《むさぼ》り、性の節度を欠くという、いわば動物と何ら変わりのない、本能の赴くままの生活法がこれである。

二つ目は「感情本位の生活」。その日の気分でわがままに生き、自制心に欠け、感情をコントロールできず、喜怒哀楽がそのまま表情、言葉、態度に現われるといったタイプの人の生活法である。

三つ目は「理性本位の生活」。人間らしい生活法のように思えるが、人間同士だからこそ理性と理性の衝突が生じる。誰もが自分の人生を思いどおりにしたいから、富や地位や名誉の取り合いをして競うことになり、外目には理性的に見えても、中身は本能的生活と大して変わらないことになる。

四つ目は「信仰本位の生活」。正信(正しい信仰)なら、この四つの中で一番優れているが、実際は見返りを求める神頼みや仏頼みが大半で、それを「疑信」という。

これら四つの生活法は人間の本来の面目に即応していない生き方であり、一つでも当てはまれば、潜勢力の発現に必要な最初の条件をクリアしていないと反省してほしい。

ふたたびは　来らんものを　今日の日は
ただほがらかに　活きてぞたのし

『運命を拓く』

心身一如と心身統一

心身を統一して本当の人間らしい生活を続けることが、潜勢力の発現を現実化できる唯一の手段となる。この道理を理解するには、まず「命／生命」の〝ありのままの姿〟を見ることだ。「命／生命」の〝ありのままの姿〟について、天風は「霊魂を中核として、精神と肉体とが密接に結合して、三位一体となっている状態」と説明し、人生を「その人間が活きている事実そのもの」と定義している。この「事実」とは、精神と肉体とが一如となっている姿を指す。

つまり正当な人生は、単に〝生きて〟いるのでなく、心身一如となった状態で〝活きて〟いなければ成立しない。〝ありのままの姿〟とは、オギャーと生まれた瞬間の、精神（心）と肉体（身）の状態で、その姿は一つの如し（心身一如）である。物心がつくに伴って、精神と肉体のいずれかを重視する傾向が生じ、潜勢力が最大限に発現する心身一如が崩れていくので、心身を統一して心身一如を取り戻すのである。心身の統一された生活様式とは、精神を精神生命の法則に、肉体を肉体生命の法則に順応させて生活することだ。今風に言うなら、精神（心）と肉体（身）を、トリセツ（取扱説明書）どおりに扱えばよいだけのことである。

学問の世界には、理屈で考えてわかることと、理屈で考えちゃわからないことの二色《ふたいろ》ある。

『心を磨く』

人間（我）の本体も「気」

宇宙根源（梵）の本体を作用量子（プランク定数）と観ることについては前述したが、天風は同時にこれを「気」とし、あらゆる力を発生させる究極の本源とした。すると梵我一如の概念にならえば、人間（我）の本体も「気」と捉えることができる。

宇宙根源（梵）の「気」は次々と生み出され、その力は絶対的に強い。これに対して個の本体（我）の「気」は、ノートパソコンのバッテリーのようなもので、最大容量を保つには、常に充電を心がけておく必要がある。つまり心身を統一した活き方をしていれば、宇宙根源とつながった充電用コードを通って、根源から「気」が絶えず送り込まれ、我の「気」の容量を安定的に維持できるようになっている。

天風は「気」の流れについて、電気を例に説明した。電気の本体は電子であるが、これが発電機で電気となり、電気エネルギーがさまざまな装置において、光となり、熱となり、動力源になる。人体においては、根源的要素である「気」が人体へと受容されると、その人の〝命の力〟へと具体化し、この〝命の力〟が「命／生命」と称する生命体（発電機）を構成する。そして電気と同様に、生命体の中で〝命の力〟が肉体を生かす肉体生命と、精神を活かす精神生命の原動力を作成するのだ。

間違いの三重奏

怒る事があるから怒るんだ、悲しむ事があるから悲しむんだ。これ実を言うと当たり前でないことなんだけれども、当たり前でないことを当たり前だという間違いは、間違いを間違いと知らずして間違っている間違いの三重奏なんです。

『君に成功を贈る』

心の道、体の道

昨今、気の流れの厳粛な事実を知らずしてか、何がしかの肉体的健康法を行えば、健康はおろか、生命さえも確保できると思っている人が意外と多いようだ。もしかするとその種の人々は「不健康（健康でない）なのが当たり前で健康は特別なこと」と思っているのではないか、と勘繰りたくなるが、健康が当たり前である。

もちろん、ウォーキングやジョギング、筋肉トレーニングなどの運動法に加え、ダイエットやサプリメントの服用などによって健康増進を図れることは確かであるが、健康の本態が「気」の力の作用であることにぜひとも気づいてほしいものだ。

一方で、さまざまな精神的修養法を求める人たちもいる。瞑想を中心にした禅行がその代表であろうが、天風は「本当の禅とは坐る中に在らず、日常生活のひとコマひとコマの中に在る」として、「心身一如の完成は、日常の純正な生活の中に在り」と喝破した。換言するならば、生活している最中は「いつでも坐っている時の心境でいよ」ということである。

心身統一を実現するには、常に心は心の道、体は体の道に従わせるのが絶対条件だ。〝道〟とは「心も体も、造物主が策定した自然法則に順応させる」ことである。

第二章

積極心が幸福の宝庫を開く

——心と体の在り方を知る

心の思い方考え方が、積極か消極かというだけで、人生の幸福の宝庫が開かれたり、閉められたりする。

『力の結晶』

心身統一と自然法則順応

人間を取り巻く環境のうち、人為的でないものを自然という。天候や気温、湿度の変化、昼と夜や四季のような規則的な時の移り変わりなど、さまざまな現象が当てはまるが、これらに対して人間は手出しすることができない。一方、体内的には自律神経が司る活動や、年齢による変化が「自然」に当てはまる。

つまり、人間が自らの意思で修正や変更ができない、あるいはどうにも抵抗できないものはすべて自然法則と捉えて差し支えない。肉体はこの法則に素直に従い、自律神経を使って最適の体内環境（恒常性）を保とうとし、ひとりでに順応する。

だが、精神にはそういった機能がなく、晴れだと気分爽快、雨だと滅入るといった具合で順応とは程遠い。精神（心）を無意識的に順応させようと思えば、対象となる事象に心を囚われないようにするしかない。心を絡ませるにしても、対象を肯定的に捉えることだ。たとえば、ジメジメした嫌な梅雨の時期でも、雨に洗われて鮮やかさの増したアジサイの花を美しく思えば、立派に順応したことになる。心と体をありのままに扱ってさえいれば、自然と順応する。心身統一とは、心と体のありのままとは何かを知り、そのとおりにするという、それだけのことである。

真理というものは、事情に同情してくれず、また弁護もしてくれない。

『天風先生座談』

生命の流れとは「気」の流れ

〝生命の流れ〟と、「気」の流れは同義である。我の本体である「命／生命」から湧き出た「気」が、脳から神経系を通って末梢へと伝わり、最終的に37兆とも60兆個ともいわれる細胞へと広がっていくと考察すれば、我の本体から発した「気」が、精神生命（川上）から肉体生命（川下）へと流れる〝生命の流れ〟の説明が可能となる。

天風教義のユニーク性の一つの柱は、宇宙根源の「気」が我の本体へとひとまず収容され、その後に神経系統を介して全身に配布されるとする点にある。この伝達方式は、情報伝達を担う神経細胞の興奮が、「気」を本体とする電気エネルギーによって起こる事実と見事に合致するし、さらに神経系を「気」の通路とする天風独自の考え方が、受精後の個体発生の経緯と整合するから実に面白い。

受精卵が受精後4〜8週ごろを境にして分化・発育を始める際、最初に形成されるのが一本の神経管である。神経管から中枢神経である脳や脊髄が形成され、脊髄神経節や自律神経節が分化していく。最初ということは、それが最も重要であるという証左で、受精卵を胎児から新生児へと発育させるには、生命の根源である「気」の最初の活動部位を、中枢神経系にする必要があることを物語っている。

自分の生活の中から、「活きることへの情味《じょうみ》」を見出すことに努めよう。かくして見出されたる情味こそは、生活に疲れた命へのオアシスである。と同時に、生活に悩む心への醍醐味《だいごみ》である。

『真理行修誦句集』

肉体的健康法への向き合い方

最近は、瞑想法を中心とした精神面での健康法も随分と増えてきているが、健康うんぬんとなると、やはり人は肉体の健康にもっぱら目を向けるようで、実際に本屋に並ぶ健康本の内容は肉体に関するものが多く、それらの内容はおおむね「呼吸」「食事」「運動」「睡眠」の四つに大別される。

「呼吸」はとりわけ腹式呼吸などの動作に関するものが目立ち、「食事」は食材の選び方から調理法、時間帯、サプリメントの類に至るまで多岐にわたっている。「運動」はウォーキング、ジョギング、水泳、器具を使うトレーニングなどによる筋肉や心肺機能の強化、それにヨガなどの静かな運動法が紹介され、「睡眠」は眠る時間の長さ、寝具や枕の選び方、寝室の照明やアロマ効果などが中心だ。

いずれも実践することによって目的に則した効果があるにちがいないだろうが、どれを取り入れるにしろ、留意してほしいことがある。個人にとっての自然法則ともいえる、生来の向き・不向き、得意・不得意、好き・嫌いを判断材料にし、これが「向いている・得意・好き」の場合は張り切りすぎないこと、「向いていない・不得意・嫌い」の場合は無理をしないようにすることである。

感謝の念のない人間は不幸ですよ。ほんとうに不幸ですよ。もののありがた味がわからないのですから。つつましやかに感謝の念をもって生きるようになったら、どれだけ人生のスケールが大きくなるかわからないでしょう。

『君に成功を贈る』

精神的健康を保つには

昨今は会社健診でストレスチェックが義務付けられているが、これに伴って今まで隠れていた精神障害（うつ、適応障害など）が発覚することがある。その中の職場放棄のケースで、私が原因と感じたのは「やりたい」と「やれる、できる」の混同である。本来はまったく別のことなのだが、「やりたいことだから、できるはず」が起こってしまう。普通なら「やりたいけど、私には向いてないから他の仕事を探そう」となるのだが、自己統御（セルフコントロール）の欠如によって客観的な自己評価ができないのだ。その原因の大半は、育った環境にあるようだ。実際、面接などで話を聞いてみると、あまり叱られたことがない、我慢ができずに我儘《わがまま》を押し通した、といった共通項があり、それが遠因となっているように思われる。

一方で「好きこそ物の上手なれ」という言葉がある。「好き」は受容せよ、「嫌い」は拒否せよ、のシグナルだ。「好き」はうれしい、楽しい、明るい、「嫌い」は面白くない、つまらない、暗いといったイメージにつながる。どちらが精神的健康にいいかは、言うまでもないであろう。だから精神的健康を図るには、自分に向いている好きな人探し、好きなもの探し、好きなこと探しを続けていくことだ。

この世の中は、苦しいものでも悩ましいものでもない。この世は、本質的に楽しい、嬉しい、そして調和した美しい世界なのである。

『運命を拓く』

神経系統における二つの確信

神経系がいかに重要かは先述したが、ここでは後述する神経反射の調節法（天風式クンバハカ法）の基礎知識となる事柄を述べておきたい。

最近は人体を扱った展覧会などがよくあるが、人体模型や解剖図を見ると、血管網ともども全身に張り巡らされた神経網におそらく驚愕されるであろう。

私は医学部に入ったころ、すでに「気」に関する天風の概念を知っていたから、解剖実習に大きな期待を抱いて臨んだ。だが、実際に解剖が進んでいざ神経系を観察する段になってみたら、神経の本数の多さに加え、神経系の複雑な構造に圧倒され、口頭試問に出る重要な神経についての暗記事項（名称、機能、どこに始まりどこまで行っているかなど）を覚えるだけで実習が終わってしまった。

だが天風の教えを学ぶのに医学生でよかったと思ったのは、次の二つを強く想像できたことであった。一つは「これだけ精巧な人体設計図を描けるのは造物主以外にあろうはずがない」。もう一つは「神経系を流れる電気エネルギー（生理学で習う）の本体は『気』であるにちがいない」ということである。

金持ちみんな幸福かいな?

『成功の実現』

神経を操り人形の糸にたとえた天風

神経系を大きく分けると、およそ次のようになる。

A．中枢神経系（脳と脊髄）

B．末梢神経系（中枢神経系と身体末梢とを連絡する）

末梢神経系は「体性神経系（知覚神経、運動神経）」と「自律神経系」に分かれるが、自律神経系は、思考や意思と無関係に心臓、消化管、汗腺などを調節して身体の恒常性維持のために働くもので、これには「交感神経」と「副交感神経」がある。

交感神経は、本来は外敵と闘争するために働くので、これに携わる臓器や器官は、当然のごとく疲労を余儀なくされる。「交感神経、般若の如く」である。

副交感神経は、消化管での栄養補給を高め、神経系や筋肉を休め、全身の疲労を回復させて体力を蓄えるように働く。「副交感神経、菩薩の如く」だ。

ちなみに天風は、神経を操り人形の糸にたとえた。すなわち、人形（臓器や器官）それ自体には動く力はなく、人形使い（脳）が操り糸（神経）を動かすことで、初めて動くことができるからである。ということは、糸に障害が発生すれば、たちまち人形は動けなくなってしまうのである。

世界広しといえども、世の中に、自分を本当に思ってくれる人は自分以外にないんだよ。

『信念の奇跡』

肉体の三つの役割

精神（心）の座とされる脳は、紛れもなく肉体の一部でもある。脳が働きを停止すると、肉体はもちろん精神の活動もたちまち停止する。いくら精神優位といっても、あくまで肉体（身）あってこその話だ。神経系の働きを別にすると、肉体には大別して「精神活動を支えるために、生命活動を行う（生命あっての物種）」「筋肉を使って、精神活動の結果を表現する（行動なくして、成果なし）」「自らの存在を他に知らしめる（個の認知）」という三つの役割がある。

肉体の第一の役割である「生命活動」は、いわゆる「五臓六腑」に脳が加わり、生命を維持している。次の役割は脳が考えたことの表現で、顔の筋肉を動かして表情を作り、口や喉頭の筋肉を使って言葉を発し、手足などの筋肉で多様な動作をする。

最後の「個の認知」も重要な役割だ。以前に聞いた寓話であるが、ある人が未開の地で原住民の写真を撮って本人たちに見せたところ、その中の一人は仲間の顔を認識していた一方、写真の中の自分については「これ誰？」といぶかしがったという。社会生活において、他人との識別や区別をする、あるいは他人に自分の存在を認知させるには、肉体が必要不可欠な媒体となるのだ。

笑いは無上の強壮剤であり、また開運剤なんだぜ。

『君に成功を贈る』

「知」と「情」

精神には「知」と「情」の二つの面がある。人間が類人猿以下の動物と比べてはるかに「知」が高度で「情」が複雑なのは、人間だけが15～16歳ごろまで脳の成長を続けることと関係があるようだ。

「知」の高度化は大いに歓迎されるとしても、「情」の複雑化は必ずしもそうとはいえない。幼少のころの素直さや純粋さをどこかへ追いやってしまうからである。だからこそ、天風は「素直なる　幼な心を　いつとなく　忘れ果つるか　惜しくもある哉」と諭している。

「知」を使って行うことは、推理、推測、分析、判断などの思考で、これを担う精神領域を理性という。「知」には遺伝的な要素が絡み、先天的に優劣が決まる場合が多いともいわれるが、必ずしもそうではなく「トンビが鷹を生む」ということもある。「知」の有効活用に必要なのが後天的に培われる「賢さ」で、「知」に深みと幅をもたらす。なぜなら、「賢さ」には「知」にはない「情」が加わるからだ。「知」は世の中の進化向上に役立ててこそ価値があるのであって、真逆のこと（策略、陰謀、犯罪など）に使うのならむしろ不要である。

人生に卒業はない

人生には、もう完全に理解したとか、あるいは卒業したとかいうことはありえないのである。否、断然ありえないのが人生である。否、否、人生とはそんな単純なものではないのである。

『真理のひびき』

六つの「感情」

精神の「情」は、他の哺乳類にもそれらしきものがあるものの、人間の「情」の多様性や濃さ・深さは特別で、思いやり、気遣い、気配りなどの言葉で表現されるが、一般にこれらは感情という心理の範疇に入る。

感情となると、怒る、怖《おそ》れる、悲しむ、恨む、妬む、といった多種多様の心理があるから、私は感情を理智的な「知」と分けて、狭義の意味の心としている。感情を分類すると、大きく分けて次のようになる。

①感覚感情（明らかな理由がなく、本能的に覚える感情）、②情動（激しく、一過性に覚える感情）、③気分（原因が曖昧で健康状態を暗示する場合が多い）、④興味（事物に対する好き嫌いから起こる感情）、⑤情熱（理性欠如が引き起こす、熱中などの類の情動）、⑥情操（動物には見られない感情で、学問や芸術、道徳など文化的価値を対象にした思い、特定の人物への敬慕など）の六つだ。

この中でも特記すべきは情動と情操である。本来、情動は動物、情操は人間の固有の感情である。本能によって発動する情動は、動物が生命を守るのに必要な感情であるが、このような本能感情は果たして人間にも必要なのだろうか。

本当に価値の高い自分の人生を生きていこうと思ったならば、頼るな、すがるな。

『幸福なる人生』

「情操」こそ人間固有の感情

動物であれば、捕食者を前にして怖れ（恐怖）を感じなければ一瞬にしてお陀仏となるので情動は必要だ。人間においても、自然災害や交通事故から身を守るためには必要となろうが、私たちは往々にしてこの種の感情を理性へと持ち込み、発動させる材料を生命ではなく、富や地位や名誉に求める。それらを脅かされると恐怖を感じ、奪われると悲しみや怒りを覚え、それを憎しみ、恨み、妬み、その他の好ましからざる感情へと限りなく拡散させていく。

理性心が作るのに理性で処理できない感情は、そのまま発生母地である本能心へとフィードバックされ、自律神経に影響を及ぼし、時として心身への悪影響が生命を脅かすことにもなりかねない。情動は平時の人間社会においては不要であってしかるべきで、天風は理性に現れた本能心を、わざわざ〝不要残留心〟と呼んでいる。

一方、情操こそが人間固有の感情である。そこには嘘偽りのない真心や愛情、見返りを求めない親切（天風は深く切ない気持ちという意味で『深切』と書いた）などがあり、この種の心を霊性心と呼ぶ。つまり霊性心こそが、本然に即応した、自然法則に順応できる、人間のありのままの心なのである。

人生は、心の操縦を完全にすることを、その先決問題として重大視しなければならない。

『研心抄』

「先にやるべきことをやれ！　そうすれば望みが叶うから」

ここまでのポイントを、三段論法的に整理すると次のようになる。「①人間は、宇宙根源の万能の力と無限の叡智に相応する潜勢力を先天的に保有する」「②この潜勢力を完全に発現させ、世の中の進化と向上に寄与するのが人間の使命である」「③潜勢力が最も発現するのは、心身が共に〝ありのままの姿〟、すなわち心身一如のときである」「④心身一如となるには、心身を統一させる必要がある」「⑤心身を統一させるには、心も身も自然法則に順応させて扱う」。

そして②の使命を果たしたとき、健康はおろか運命までもが思いどおりになる。つまりは「先にやるべきことをやれ！　そうすれば望みが叶うから」ということなので、逆に言うなら、やるべきこともしないで「健康も仕事も運命も順調に」というのは厚かましい話なのである。加えて確認しておくことは、心身一如を成して潜勢力を発現させたとして、この力を使っているのは「我の本体」である。つまり、生きることはもちろん、仕事にしろ、遊びにしろ、「私の心と身が行っている」と思っているすべては、「我の本体」が心と身を用いて世の進化と向上を実現しようとすることの一環だと捉えるのが、本筋の話となる。

やれ運命がつまらないの、人生がつまらないのって人は、その考え方がつまらないんです。

『君に成功を贈る』

「心」と「体」は道具

「遊びも進化・向上の一環なの?」と思うかもしれないが、遊びに参加して楽しい雰囲気作りに精を出した結果、他の参加者が楽しい気分になったら、他人様の役に立っていることになる。進化・向上を、大層に考える必要はないのである。

私たちは何でも自分でやっていると思っている。自分の心と身を使っているのだから無理もないのだが、その実は「我の本体」が心と身を使ってやっていることなのである。だから天風は、「心も身も真我が使う道具である」と喝破し、「心身の不調は単に道具の不具合に過ぎない」として、「たとえ身に病があろうとも、大事な心まで病ますな。たとえ運命に非なるものがあろうとも、大事な心まで悩ますな」と諭した。なおカントも同様に「病は時計のゼンマイが壊れたようなものだ」と言っている。修理をするにしても、身という道具には加齢という抗し難い条件があり、場合によっては現状維持を図ることさえ無理かもしれない。対してもう一つの道具である心は、「知」の衰えが極度でさえなければ加齢による影響は軽微で、心身統一法の心の扱い方(持ち方・使い方)によって、新品同様の状態に戻すことは今からでも可能である。

生きている限りは死んでいない。死んではない限りは生きているんだから。

『力の結晶』

天風が定義する積極と消極

一般的に積極は能動的、肯定的、意欲的などの前向きな姿勢を表す場合に使われ、反対に消極は受動的、否定的、懐疑的などの後ろ向き、あるいは現状維持の姿勢を表す場合に使われる。だが、天風が唱えたのは、宇宙根源（宇宙霊）の姿勢と合致する場合が積極、相反する場合が消極である。

新生させ、甦らせ、進化向上させようとする姿勢や態度が積極となるのに対し、低下させ、退化させ、消滅させるのが消極となる。となると、一見すれば老化や死は消極の範疇に入ると思えるが、これは自然の成り行き（輪廻）ゆえに積極・消極のどちらでもないのである。植物なら、芽を吹き、茎を伸ばし、葉を茂らせ、花を咲かせ、実を実らせた後は、実を落とし、葉を落とし、その代を終える。動物ならば、生まれ、成長し、成熟した後は老化し、死んでその代の生命を終える。

一生の後半は消極かのように映るが、永遠の生命を次代につないでいくという積極姿勢の中での、個生命の単なる終末期なのである。どのような状況にあろうとも、身は積極な態度を取り続ける。事故や感染で傷つくのは別として、病に罹ろう、ましてや死のうとする身は存在しないのである。

幸福というものは客観断定にあらずして、主観の断定にあるのです。はたからどんなに幸福そうに見えても、本人がしみじみ、ああ、私は仕合《しあわ》せだと思えないかぎりは、ほんとうの幸福を味わうことは出来ない。

『天風先生座談』

やっかいな心の消極

身に消極があり得ないのに対して、心の方は概して消極好みで、それが癖ともいえる。動物の立場で考えれば、生命を守ろうとする姿勢が第一優先となるからだ。

ところが、人間は「生命よりも大事なもの」を見つけ出したことで、防衛すべき対象を生命から富や地位や名誉へと転化させ、これらが脅かされるような状況になると、本能心である怒りや怖れを持ち出してきて、理性心で憎み、恨み、妬みなどに変換し、意図的に消極を使うようになった。

消極心を防衛本能で使うならまだ許されるとしても、何かといえば、憎んで、恨んで、妬んでいるような心で果たして進化向上が図れるだろうか。答えは言うまでもあるまい。このような造物主の心に反した心を使っていたら、進化向上どころか退化するばかりである。

絶対的に積極である根源の気を潜勢力へと補充するには、心と身の態度が同じ方向、すなわち積極でなければならないが、身の積極が決して揺るがない以上、残るやるべきことは心を積極にすることのみで、それには意識的に扱うことができる理性心を積極一辺倒にすることだ。

本当の幸福というのは、人生がより良く生きられる状態に自分ですることなんです。自分でしないで、他からしてくれることを待ってる限りこやしないよ。

『盛大な人生』

肉体脳と精神脳

「必要は発明の母」のことわざにならえば、情報処理は脳の進化の母といえる。生物が水から飛び出し、陸を歩き、図体が大きくなるにつれて行動範囲が広まり、情報量が増えると、その処理のために脳が進化せざるを得なかったのである。

脳の働きには肉体活動と精神活動があり、私は前者を司る脳を肉体脳、後者を司る脳を精神脳と名付けているが、身を守り、子孫を残す程度までなら、肉体を支配する神経系の中枢としての肉体脳で十分である。

しかし、哺乳類以上ともなると、情報処理に迅速さと正確さが求められ、「知の座」として精神脳が役割を果たすことになる。

脳の構造をイメージしてみると、ヒトの場合はおおむね三つの部分に分けられる。一番大きい部分が大脳、その後方やや下側に張り出してあるのが小脳、大脳をカナヅチの金属の部分に見立てると、そこから出ている柄の部分が脳幹で、大脳と脊髄の間を占めている。小脳は目や耳からの情報を受けて、平衡機能や姿勢を保つ信号を筋肉に送っている。そして脳幹には中脳、橋《きょう》、延髄と呼ばれる部分があり、生命維持に必要な呼吸、循環、消化、発汗、排泄などを司る自律神経中枢がある。

一〇〇万人の付和雷同者《ふわらいどう》よりも、ただ一人のリアリストを希望する。

『真人生の創造』

なぜ人間だけ大脳「新皮質」が発達したのか

大脳は左右二つの半球に分かれるが、その構造を知るには、リンゴを縦に真っ二つに切った断面をイメージすると解りやすい。リンゴの皮にあたる部分が大脳皮質で、その厚さはわずか3ミリしかない。大脳皮質には、運動、言語、皮膚知覚、視覚、聴覚、嗅覚などの中枢があり、同時に精神活動の座でもあることから、大脳皮質を新皮質とも呼ぶ。リンゴの種がある芯の部分を大脳基底核と呼び、その近辺にあるのが間脳、そして基底核を囲むようにしてあるのが大脳辺縁系で、自分ないしは種の保存に必要な基本的機能である食欲や性欲、覚醒調節、嗅覚を司ると同時に、情動の中枢をなしている。生命維持や情動に関する中枢がある脳幹、間脳、辺縁系などの動物としての脳を古皮質とも呼び、大脳皮質（新皮質）と区別している。

生きるだけなら古皮質だけでよいのに、なぜ新皮質が発達したのだろうか。チンパンジーと種が分かれた後の人間の進化は精神の発達がもたらしたもので、それも「知」以上に「心」によるとされる。すると動物との比較の上で私たちが意識すべきは、古皮質が司る「生」よりも、新皮質が司る「知」、さらには「知」の主体となる理性よりも、「心」の主体とすべき霊性ということになってくる。

時は金なり、という諺《ことわざ》があるが、真実において、時は金よりも、遥《はる》かに貴重な尊さがある。

『真理のひびき』

実在意識と潜在意識

「意識」とは、一般的に状態や状況を認識できていれば「意識がある」、できていなければ「意識がない」と表現するが、このように、あり・なしで表現する場合の意識を実在（顕在）意識と呼ぶ。一方、実在意識とは別に「あるなしで説明できない意識」もあり、これを潜在意識と呼び、実在意識と区別される。

さらに「意識」の定義とは別に、脳で精神活動が行われているフィールド（領域）を意識の在りかとして「意識領」あるいは「意識野」と呼ぶ場合があり、これによってそれぞれ実在意識領（野）と潜在意識領（野）に区別されることになる。

生まれた瞬間から潜在意識の活動が止むことはない。「ずっと心臓を動かし続けてきたから今日は止めて休もう」なんてことは絶対ないし、呼吸も一生続ける。つまり潜在意識領で行われていることは、私たちの意思とは無関係に生命活動を常に安定的に保とうとする働きである。一方、実在意識領での精神活動は、当然ながら意識がある時間帯に限られる代わりに、自分の意思でどうにでも操作できるが、同時にこの精神活動の内容がまるでコピーされるかのように潜在意識領に入っていく点には留意しておく必要がある。

人生を解決するもの

人生は、どんな富の力をもってしても、さらに地位や名誉の力をもってしても、到底完全に解決しない。まして、屁理屈や、空威張《からいば》りや、間違いだらけな自己断定や、独りよがりの自惚《うぬぼ》れをもってしては、なおさらのことである。

『真人生の探究』

天風が考える精神活動①――本能心

天風は、私たちが「心」と表現する精神活動を理性心、本能心、霊性心の三つに分け、心が作動する精神領域をそれぞれ理性、本能、霊性と呼んだ。意識領で分けるなら、意識できて操作が可能な理性（心）は実在意識領に、実在意識領に上がってこない限り意識できない本能（心）と霊性（心）は潜在意識領にあることになる。

まず本能心について検討してみよう。自らが生き、子孫を残すのに必要となる心であるから、人間にも食欲、睡眠欲、性欲、そして怒りや怖れといった原始感情などが本能心として残っているが、これは本質的には動物の心といえる。だが、本能心によって「命が守られている」と実感したことがある。

あの阪神・淡路大震災の時、胸の圧迫感と過去に感じたことのない恐怖でパッと目が覚めるや否や、轟音と共に寝室の壁が激しく揺れた。不思議と冷静に「命を落とすなら天命、宇宙霊が生かしておこうと思われたら生きる」という思いが駆け巡ったが、同時に本能心が潜在意識から現れてきて「壊せるものなら壊してみやがれ、潰されてたまるか」と、恐怖心を吹っ飛ばして、無謀にも地震に喧嘩を売ったのである。人間に残った本能心は、いざという時のための心でもあることを痛感した。

病は忘れることによって治る。

『運命を拓く』

天風が考える精神活動②――理性心

次いで理性心を検討してみよう。一般にいう「心」は理性心を指す。哺乳類以上の動物なら多少の理性心を持つ。たとえばライオンは風向きや距離を考えるなど理性的に狩りをするが、それ以上の理性心を使うわけではなく、目の前に獲物がいれば食べ、満腹になれば睡眠欲を満たし、満腹時は獲物に見向きもしない。つまり本能で生きているからこそ、余分な殺生をしないで自然法則に順応している。

では、人間はせっかく賦与された理性心を有意義に使っているだろうか。ライオンでさえも本能心で自然法則に順応しているのに、人間は理性心を使って、むしろ順応しないようなことをしているのではないだろうか。人間の「知」は、単に数学の問題を解くだけに使うものではない。問題の解決を目指す時、「どうすれば」と思い考える。つまり状況や情勢の分析、対策の検討、実行の是非の判断などを行い、解決をいかに短時間で、効率的に、経費をかけずに、と考えるのが理性心の本来の役割である。

ところが現実的には、「知」があるばかりに欲が生まれ、これを満たそうとして理性心を働かす。欲が満たされるならまだしも、満たされないで消極心を生み出すのなら、そのような理性心は自然法則と逆行する心となってしまう。

勇気は常に勝利をもたらし、恐怖は常に敗北を招く。

『力の結晶』

天風が考える精神活動③——霊性心

最後は霊性心。霊性は人間固有の精神領域であり、進化の過程でこれを獲得し、霊性心として使うようになったからこそ万物の霊長になり得たといえる。

天風は「造物主の心は真と善と美のみである」と説いた。宇宙で繰り広げられる森羅万象を造物主の意図によると捉え、その意図が万物をより良くしようとするものであると考えると、そこにはまるで心のような作用が介在しているかのように思え、この意図が造物主の真・善・美の心の上に成り立っていると解釈できる。

真とは知性における普遍的な真実、善とは倫理に照らした正当な考え方、美とは感性が捉える森羅万象間のバランスのとれたハーモニーを示し、これを人間の心に置き換えると、真は誠に、善は愛に、美は調和となる。誠とは嘘偽りのない真心、愛は自他の区別がない愛情、調和はバランスのとれている状態で、これらは自然法則に順応した積極心といえる。造物主の心と同一の霊性心を理性へと移行させると、嘘偽りのない正直な心、自他を区別しない慈しみの心、弱者を慮る心、感謝の気持ちとなるが、移行には潜在意識領にある霊性心を実在意識領へと煥発《かんぱつ》させるしか手段がなく、これには理性心に常在する消極心を前もって取り除いておく必要がある。

終始　楽観と歓喜と、輝やく希望と溌剌《はつらつ》たる勇気と、平和に満ちた言葉でのみ活きよう。

『天風誦句集』

心は「作られている」

健康や仕事、境遇に問題が生じると心までもが弱くなり、反対にそれらが順調だと心が強くいられる経験を誰もがしたことがあるから、大抵の人は「私の心は自分で作り出している」と思っている。だが、実は心は「作られている」のである。

「作り出す」なら、そこには必ず意識が働くはずだが、自分が感じる心模様（心のあり様）は、自分が意識しないところで知らぬ間に作り出され、その実在意識領に現れたものを心模様として認識しているに過ぎないからだ。

製品は必ず材料があって作り出される。心を製品だとすると、材料となるのは五官（目・耳・鼻・舌・皮膚）がキャッチする情報である。自然現象に始まり、新聞やテレビ、他者の表情や言葉や行動、自身の身体状況に至るまで、それこそありとあらゆる事柄が情報となり、感覚神経を介して自動的に心の座である脳へと到達する。

街中を歩いていると、行き交う人々や車、建物や看板、時には空模様など、さまざまな色や形が目に入り、一方で人々の会話や雑踏の足音、車のエンジン音、どこからか流れてくる音楽などが耳へと否応なしに入ってくる。私たちの視覚や聴覚から入ってくる他覚的な情報量はおびただしいものがある。

文明民族の一番悲しいミステークは、生命を考えるときに、いつでも体のことばかりを考えている。

『天風先生座談』

心模様が百人百様になる理由

意識がある時に五官に入った情報は、すべからく脳にある感覚（知覚）中枢へと到達し、中枢がその内容を認識する。だが、私たちがこれを煩わしいと感じることはほぼない。なぜなら、よほど対象に注意を向けていなければ情報が中枢に届いたとしてもインパクトが弱く、中枢が「見えども視えず、聞けども聴こえず」にしてしまうのだ。俗に言う「上の空」を起こすのである。

一方、情報のインパクトが一定以上に強いと、何らかの心模様が発生するが、心模様の素となる情報への精神脳が抱くイメージや評価が人によって異なるため、生まれる心模様は百人百様になる。精神脳は「○○が見える」「△△が聞こえる」と単に認識するのではなく、一定のイメージや評価と共に情報を認識しているからだ。イメージや評価は、その情報との接触を何度も繰り返す中で形成されていく。

たとえば、目の前に犬がいたとして、犬好きな人はうれしいと感じて思わず撫でたくなる。これは犬との接触を重ねた中で好意的なイメージや評価が積もり積もって、犬を「好きな動物」と固定的に考えるようになったからだ。逆に、犬が嫌いな人はそれとは逆の過程をたどってきたことになる。

ぼやぼやしてちゃいけないよ。人が作った衛星が宇宙を飛んでる時代に、縁起がどうのこうの、日の良し悪しや占いが迷信がなんて、みんな自分自身に消極的な暗示をかけてるんです。

『君に成功を贈る』

心の状態の基となる「観念」

一つの情報に対して主観的に抱くイメージないしは評価を基にして作り上げる情報が引き起こす「考え」、あるいは「観方」のことを観念という。情報が単に目に入っただけなら脳は「見えた」としか認識しないが、刺激の強さが一定以上になると観念が形成され、観念の内容に沿った心（心模様）を発生させるのである。

観念形成は人間のみに存在する高等な精神活動と考えられている。ゆえに、本能的欲求（食欲、性欲、睡眠欲）や原始感情（怒り、怖れ、喪失に伴う悲しみ、食べ物を得た時の喜び）は観念に含まないことになっている。

観念は直接的に認識することはできない。心模様（心の状態）の前段階の精神内容であるため、「この心模様なら、基となった観念はきっとこうだろう」くらいに想像するしかない。また、感覚器官が捕捉した情報は、実在意識領から瞬時に潜在意識領へと潜り込み、その情報に対する観念が形成されるが、潜在意識領で行われるゆえに、この観念を認識することは不可能だ。覚えておいてほしいのは、潜在意識領の中に直接手を突っ込んで何とかしようと思っても無意味ということ。精神領域のことは実在意識領で何とかするしかなく、すると理性心の責任がますます重大となってくる。

第三章

自己を作るのは自己である

——心が変われば人生も変わる

自己を作るものは　自己である

『真理行修誦句集』

天風が独自に命名した「感応性能《かんのうせいのう》」

心の発生は、材料たる情報の入手→その情報に対する観念の形成→観念が実在意識領で心となって認識される、という過程をたどる。だから私は、「観念＝心の本体」と捉えている。現に情報が同じでも心が千差万別となるのは、観念を形成する段階で差異が生じるからだが、天風は、この差異が生じるのは「感応性能」が原因だと説明した。すると、観念／心が積極的か消極的かは、感応性能が決めていることになる。

では、感応性能とは何か。おそらく天風が独自に命名したものだが、この語句の説明は特にない。手掛かりを捜してみると、本には感応性能（Suggestibilität）と表記があり、このドイツ語を英語に転換するとSuggestibility（被暗示性）となる。つまり、暗示を被る性能（生まれつきの性）のことだ。

造物主が、万物の霊長として世に送り出した私たちに初めから消極的な感応性能を与えているとは思えない。進化と向上に寄与させようと目論んだ以上、積極的な感応性能を与えているはずだ。すると、消極的な感応性能は後天的なものではないか。本能としての怖れ（恐怖心）や怒り（闘争心）、それらから派生する消極的な暗示を繰り返し被り、いつの間にか消極的な感応性能が作られたと想像されるからだ。

心こそ　心迷わす　心なれ
心に心　心許すな

『心を磨く』

「内部の目」——脳の松果体《しょうかたい》

「百聞は一見に如かず」と言われるように、五官のうちで情報を最も多く入手できるのは視覚であろう。したがって、見えるものが心の材料の最も多くを占める。

最初に視覚から思考へのプロセスを考察したのは、有名な「我思う、ゆえに我あり」の言葉を残したフランスの哲学者デカルトで、視覚から得た情報が視神経を経て松果体《しょうかたい》に入り、思考がなされ、その結果を運動神経に伝えて行動化すると考えた。

３００年以上も前のことながら彼の推察はさすがで、刺激が感覚器を通して脳内へと入り思考が発生するというシステムを見事に説明しているが、この時点では感応性能なるものを考えるまでには至っていなかった。

ちなみに、松果体は脳のほぼ中央（小脳の前方）に位置する松の実に似た直径１センチ足らずのホルモン臓器で、脳のへそのようなものである。脊椎動物の祖先は、頭部の前方の外側に二つ、それと頭頂部に一つの、明暗を感じる視覚器を持っていた。進化の過程で前者は次第に頭部の表面へと移動して「目」となり、明暗だけでなく形や色までも識別できるようにその機能が高度化した。後者は脳の肥大化に伴って内部へと移動し、「内部の目」ともいえる松果体として残ったといわれる。

昔の歌に「晴れてよし　曇りてもよし富士の山」というのがあるね。富士山というものは、天気だろうが、曇って雲がかかろうが、そのもとの姿は変わらない。あの状態、あれがいわゆる絶対積極の気持ちなんであります。

『心に成功の炎を』

感応性能を積極化する手段

問題は、観念形成が感応性能次第という点をどう考えるかである。取り入れた情報が、積極的観念を形成するのか、消極的観念を形成するのか、どちらに向かうかのルートの切り替えを、自分の知らぬところで感応性能がやっている。だが、この感応性能は決して他人様のものではない。

もしも、あなたの感応性能が消極的なら、それは間違いなく先天的に保有する感応性能ではなく、後天的に自分で作り出したものといえる。後天的であるのなら、その気さえあれば自分の意思で積極化することが可能だ。

天風は、感応性能を積極化する手段として次の三つの方法を説いた。

（1）観念要素の更改
（2）積極観念の養成
（3）神経反射作用の調節

いずれにしても、情報の取り入れに関わる感応性能と観念に相関関係があるとみなされる以上、感応性能の積極化を実現しないことには、いつまでたっても情報を消極的な情報として受け入れてしまい、それに呼応した観念を作り続けることになる。

天命に従い、天命に処《しょ》し、天命に安住《あんじゅう》して、何事何物にも、心から感謝した欣《よろこ》びを持ち得る人は、恵まれた生涯に活き得られる幸福の人である。

『安定打坐考抄』

暗示について

感応性能＝被暗示性となると、暗示とは何かを考える必要がある。心理学的には、暗示は人の精神（心）に対して意識的でなく無理やりでもなく、感化や同化などの影響を及ぼす情報のことだ。スターの服装をまねたくなるのは、スター本人なり、着ている服装が感化を起こす暗示となっている。誰かの不幸な話を聞いて同情するあまりに自分も落ち込むのは、その話が同化を起こす暗示となったケースといえる。これらのように、外部から注入される受動的な暗示を他面暗示という。

聴覚を例にとると、バーで飲んでいる時を思い浮かべると分かりやすい。バーの片隅でピアニストがムーディーな曲を奏で、あなたは聞くでもなく自然と耳に入ってくる音楽がＢＧＭとなって気分が良くなり、ふと好きな曲が頭に浮かんでリクエストしたとする。すると、先ほどのＢＧＭとは打って変わってピアノの音についぞ耳を傾けてしまう。どちらも暗示として働くが、ＢＧＭで形成される観念は漠然としているから実在意識領に上がることはほぼなく、心模様として認識されない。リクエスト曲は意識的に聴くので判然とした観念が形成され、「懐かしい、恋人と一緒に聴いた時のことを思い出す」といった確かな心模様として認識されることになる。

無念無想とは、心が生命の一切を考えないときの状態を言うんだ。
もっとわかりやすく言えば、心が肉体のことも考えず、心が心の動きも思わない。
それが無念無想。

『信念の奇跡』

暗示の影響力

暗示の影響力（暗示力）はその強度と頻度に比例し、刺激のインパクトが強ければ強いほど、受け入れる回数が多ければ多いほど暗示力が増す。分かりやすい実例がテレビのコマーシャルで、意図的に音量を上げたり、何度も繰り返したりすることで刷り込みを図っている。

暗示力は感覚器によっても差異があり、皮膚（触覚）や舌（味覚）、鼻（嗅覚）から入ってくる暗示は曖昧である。暗示力の強さに関しては、これら三つの感覚器を気にする必要はあまりなく、注意を払うべきは視覚と聴覚ということになる。

暗示の怖いところは、それを覚えていない程度の見聞きであったとしても、ほんの一瞬たりとも情報に意識を向ける（情報によって向けさせられる）と、それが何のフィルターも通さずに、そのまま実在意識領から潜在意識領へと入って、知らぬ間に観念が形成されてしまうことだ。しかも困ったことに、この観念の内容は認識できない。

観念が無意識的に形成されるのを防ぐためには、常に感応性能の積極化を図って、いかなる情報であっても積極的に捉えられるようにするか、情報に絶えず明瞭な意識を向けて対象となる情報の内容を確《しか》と捉え、暗示化しないかのどちらかとなる。

信念が強いというのは、強情《ごうじょう》っ張《ぱ》りのことじゃないんだよ。

『力の結晶』

新たな観念の材料となる「観念要素」

観念は実在意識領で心模様として認識される一方、潜在意識領に留まり、次に形成される新たな観念の材料ともなる。これを天風は「観念要素」と命名した。

観念要素について再び犬を例に説明してみよう。人が物の識別ができるようになって、初めて犬と出会ったとする。姿形、鳴き声、匂い、毛の感触などの情報が五官を通して受容されると、それらを材料にして観念が形成される。この観念に基づいた心模様が実在意識領で生まれる一方で、その観念はそのまま観念要素として潜在意識領に残留する。初めて出会った犬がかわいらしいトイプードルで、五官に入る情報に不快なものがなかったら高評価の観念が形成される。この観念は、犬という動物を肯定する観念要素となって潜在意識領に残留する。

これに対して、初めて会った犬が荒々しいブルドックだったとしよう。ハッハハッハという荒い息づかいと共に、何とも言えない臭気が漂い、口からはよだれを垂らし、今にも噛みつかんばかりの形相でこちらを見ている。五官に入るのはいずれも拒否したい情報であるから、形成される観念の内容は推して知るべしで、好ましくない観念要素が作られて潜在意識領に残る。

人生という現実の世界に生きる自分を、本当のリアリストとして生かさなければだめです。夢うつつのような、おとぎ話のような、自己欺瞞《ぎまん》で人生を過ごしてしまったのでは、二度と繰り返すことのできないこの人生、もったいないです。

『成功の実現』

潜在意識に観念要素が築かれる過程

前述した犬との初めての出会いの後、二回目の犬との出会いが訪れたとしよう。すると、目の前の犬からの情報が観念を作り出すのは初回と同様なのだが、それに加えて初回の出会いで生まれた観念要素までもが、この時の観念形成の材料となるのである。つまり、初回に好印象を抱いた観念要素は、今回の犬に対してひとまず積極的な観念を形成するように働き、初回の印象が好ましくなかった場合は消極的な観念を形成するように働くことになる。

もっとも、出会い方によっては観念が逆転する場合がある。かわいいと思っていたトイプードルにガブリと噛まれた、あるいは荒っぽくて嫌いだと思っていたブルドックが甘えた様子で寝ころんでお腹を見せてきた。すると、それまでとは反対の観念要素が形成され、この次の出会いでは好きか嫌いかの迷いが生じる。

こういった出会いを幾度となく繰り返していくと、好きか嫌いかの判断が次第に固定されるようになっていく。そうなると、好きは好きを呼んで好きが重なり、嫌いは嫌いを呼んで嫌いが重なっていくことになり、そうした観念要素がまるでアリ塚を作るかのように潜在意識領に溜まっていくことになるのである。

私は今後かりそめにも
吾《わ》が舌に悪を語らせまい。

『天風誦句集』

観念要素が人生を決める

観念形成の材料は2種類ある。一つは現下の情報で、もう一つは潜在意識領に溜まっている観念要素だ。前者の情報が一過性の材料であるのに対し、後者は質的（積極的か、消極的か）にも量的（溜まっているから当然多い）にも断然その比ではない。ゆえに、観念はおおむね観念要素を材料として形成されるといってもよい。

観念の形成が犬の好き嫌い程度の話ならさして問題はなかろうが、これが生活に直結する仕事や学校の勉強（たとえば国語は好きだが、数学は嫌い）、ましてや人間関係において現れたらどうだろう。これらに対して、積極的観念をもって対処するか、それとも消極的観念でもって対処するかは、心の態度となって具体化する。

心の態度が消極的だと、仕事や勉強に立ち向かう意欲が削がれかねないし、これがもし対人態度に現れると、大切な人と関係が疎かになり、そうなれば日々の生活だけでなく人生そのものに大きな弊害が生じかねない。

ちょうど道の分岐点に差しかかったときに、左に行くか、それとも右に行くかを選択するのと同様で、生まれてから情報と接するたび、積極への道を進んできたのか、反対の消極への道を進んできたのかは重要だ。その結果が〝今〟なのである。

理想と空想を混同してはいけない。

『力の結晶』

天風の教えは「観念要素の更改」に尽きる

「この教えは、観念要素の更改に尽きるぞ」

これは、天風が折に触れては口にしていた言葉である。五官を通して入る情報は、余程に意識的な注意を払わない限り、感応性能の働きで暗示となって観念の材料となり、観念は観念要素として潜在意識領に蓄積される。だから天風は、悩み苦しむ人(消極観念の持ち主)を救うには「その人間の全部を入れ替えないとダメだ」と強く言った。この「全部」とは、観念要素を含む〝心のすべて〟という意味で、換言すれば「潜在意識領の中をそっくり入れ替え(更え)なきゃ」ということである。

ではどういう方法を取るかというと、天風は「樽を満たしている汚水を、すべて新鮮な清水と入れ替えるようなものだ」と説明している。

実際の樽なら汚水を汲み出して入念に洗浄した後に、新たに清水を入れれば済むが、潜在意識領の場合は手を突っ込んで洗うわけにはいかない。汚水(消極心)を汲み出さず、清水(積極心)をどんどん注入し、時間をかけて汚水と清水を入れ替えるしかない。ただ、心の場合は実在意識領から積極心(清水)ばかり注入されるとは限らず、これまでと変わらずに消極心(汚水)が注入されることもあるので注意を要する。

正しい真理の上から厳粛に言えば、人間とは、「感情の動物」ではなく、「感情を統御し得る生物」なり。

『心に成功の炎を』

観念要素を更改する二つの方法

観念要素の更改法としては次の二つがある。

（1）消極心（汚水）を潜在意識領に入れないようにする

観念は自動的に潜在意識領に入って観念要素となるから、実在意識領で絶対に消極心を抱かないようにすることである。そのためには情報（暗示）に十分な注意を払い、心の態度を積極のみにすることが肝要だ。

（2）積極心（清水）を暗示として潜在意識領に入れるようにする

これを天風は、精神に固有する暗示感受作用を応用する「自己暗示誘導法」と名付けた。固有は生まれながら持っているという意味で、知らぬ間に感応性能（被暗示性）を作ってしまったのも、この暗示感受作用を有するがゆえなのである。

いずれを行うにしても「絶対に心を創り更えることができる」と信じて、毎日毎日続けることが大事だ。だから、「本当かなあ？」といった疑念を抱きながらの実行は絶対によくない。これを天風は、釈迦の「縁なき衆生は度し難し」の言葉を引用し、「ざるで水を汲むようなものだ」と評した。その一方、天風はたとえ初めは疑念が勝っていても、実行していれば効果が現われ、疑念が失せていくと説いている。

アクシデントというものは必ず、自己が知る知らざるとを問わず、自己が蒔《ま》いた種に花が咲き、実が成った。

『真人生の創造』

自己暗示誘導法①――連想暗示法

前述した「自己暗示誘導法」は自分で自分に暗示を注入する方法で、その特長は、暗示を〝自分の意思〟で〝意識的〟に行うところにある。その方法としては「連想暗示法」「命令暗示法」「断定暗示法」の三つがあり、これを順に解説する。

まずは「連想暗示法」。人が何を思うかは自由だが、実現不可能な夢想や空想よりも、想いが叶った時の自分の姿や情景を想像するべきだ。すると、想像によって形成された観念が潜在意識領に入って積極的な観念要素となり、それを土台にして想いを実現しようとする思考が想起され、この思考が行動を誘導するという過程を踏む。これを繰り返していけば、いつの日かその想いが実現するというわけだ。

天風は若いころ、ある大きなお屋敷の前を通るたびに「この家に住むぞ」と思っていた。後年、天風会の会員から「私の家を先生に提供しますのでお住まいください」と申し出があり、何とそれがあのお屋敷だった。私は小学6年生のころにこの話を聞き、それを契機に「ああなろう、こうなろう」と想い続けるようになったが、不思議なことに以降の人生が想い続けていた内容と〝そっくりそのまま〟に推移している。「真剣で強い想いは人生の設計図になる！」と確信を持って申し上げたい。

歓喜の世界に悲哀はない。
感謝の世界に不平はない。

『力の結晶』

連想暗示法は就寝時（寝がけ）の大脳の制止作用を応用

昨今は瞑想ブームとなっているが、果たして人々は端座瞑目して何を想って（内観して）いるのだろうか。

天風は、何らかの人生事情の解決を目指すなら、たとえ現在の状況がどうであろうと、すなわち病気であろうと運命が悪かろうと、一切それに関わることなく、正反対の積極的事項のみに心を集中させて思念しろと説いた。何らかの悩みや不安・心配を抱えて瞑想しようとも、普通の人にその種の消極的思考を統御することは難しく、実際の問題解決は積極的思考によってしか成し得ないからである。

また、禅においては坐禅の最中に雑念や妄念が発生したら、相手にしなければ雑念妄念が退散していくといわれるが、そう簡単にできることではない。禅に没頭できるような人ならいいが、そんな時間を持ち合せていない人々のため、天風は瞑想せずとも消極念を消去できる方法を提唱した。

それは就寝時（寝がけ）の大脳の制止作用を応用した方法である。就寝時は実在意識領で盛んに精神活動していた状態が静まり、やがて精神活動が潜在意識領に限定されるようになり、そして実在意識領の活動が完全に制止されると眠りがくる。

言葉には人生を左右する力があるんです。
この自覚こそが人生を勝利に導く最良の
武器なんですよ。

『君に成功を贈る』

安眠とは自然にもたらされる「無念無想」

医学的な睡眠の目的は、昼間の精神活動でオーバーヒートした脳を冷却する、つまり脳を休めることにある。それとは別に、天風は睡眠について、潜在意識のみが作動している睡眠中の時間こそが、宇宙根源の無限のエネルギーが私たちを生（活）かす活力として脳へ注入される時であると説明した。たとえるなら、走らせてきた自動車をいったん止め、エンジンを冷やしながら燃料を補給するようなものだ。

一方で、禅において目指す無念無想とは、実在意識が作動しているにもかかわらず、意識的な心の活動が制止し、潜在意識のみが作動している状態である。夢などを見ない睡眠、すなわち安眠中の状態は、自然にもたらされる無念無想といえる。

私は入眠に1分を要さない。入眠間際というのは、実在意識領で行う精神活動の時間がすでに終わっているゆえ、「今は眠る時」と心に言い聞かせて床に入るようにしてきたからである。私のようにすぐに眠れるのが最もよいと思うが、これができない場合でも、目を閉じて何でもいいからうれしくなるようなこと、あるいは心が癒されるようなことを心に思い描いていれば、これが睡眠薬のように次第に効いていって、そのうちに早く眠れるようになっていくはずである。

「まごころ」で行われる行為には絶対の強さというものがある。「まごころ」という「心」の中には、期待というものがないから、当然失望というものがないからである。

『叡智のひびき』

連想暗示法は安眠を誘導する補助手段

寝際の連想暗示法はあくまでも安眠を誘導する補助手段であるから、眠たい目をこすってまでシャカリキに行うものではない。大脳の制止作用のピーク、すなわち実在意識の活動がほぼ消えかかり、代わりに潜在意識の活動が主体となりつつあるこの時に、思考内容がそのまま暗示となって的確に潜在意識領へと受容されることで、その思考内容に沿って観念要素が更改されるというのがこの暗示法の目的である。

連想する内容は、積極的であれば多少馬鹿げたことでも構わない。消極的でさえなければよいのである。その日にどんなに腹が立つことや悲しいことがあっても、その代わりに何か期待が持てる、ワクワクするようなことを想像するのである。ただし、想像しているうちにかえって頭が冴えてきたり、深刻なテーマがどうしても頭に浮かんできたりする場合は、一度離床してタイムアウトを取った方がいい。

瞑想で心をコントロールするのは、禅家のプロでも至難の業だ。そのような瞑想が目指すところは、実は観念要素の更改に等しい。だから端座瞑目して何とかしようとは思わず、寝際の連想暗示法で心を穏やかにして、安眠を誘導すると共に観念要素の更改をしていけば、遠くない先に心の悩みや苦しみが解消するにちがいない。

人はどこまでも人としての面目を発揮せぬと、人間の第一つらよごしである。人間が人間らしくある時にのみ、人間の恵まれる幸福を享《う》け得る。

『天風誦句集』

自己暗示誘導法②――命令暗示法

次は「命令暗示法」を解説しよう。自発的な暗示注入という点においては連想暗示法と同様であるが、この暗示法は声を出して自分自身に暗示する、すなわち言葉の暗示力を応用するので、その暗示力は連想暗示法よりもはるかに強力である。

実際の方法としては、一枚の鏡を用いる。鏡面に映る自分の顔に向け、自分が欲する積極的な精神状態を、真剣に、ただ一度だけ命令口調でつぶやく。ちなみに、私はまなじりを上げて（目尻を吊り上げて）目を見開き、眉間の部分を凝視し、その奥に向かって命令を唱える。これは前述した松果体の役割を意識しているからだ。

この暗示法では、命令する側とそれを受ける側としての二種類の自分がいる。命令する側は強くて正しい、精神態度が絶対積極の自分。天風が教える、人間として本来あるべき姿だ。命令を受ける側は現実の自分となる。現実の自分は、あるべき自分が出す命令を受け入れるために、素直な気持ちになって臨むことが必要となる。加えて、命令内容は必ず最優先の一事項に限ること。多項目を命令すると、暗示効果が分散して減弱する。そして一度命令を始めたら、効果が確認できるまで絶対に中断することなく、毎日毎日命令し続けることが肝要だ。

経営者が何か新しい仕事をするような場合に、私の所へよく相談に来るんです。私の答えはいつも簡単です。「他人に相談しなきゃわからないようなことを、今後のあなたの人生の事業にしようとすることは非常に軽率じゃないか」って。

『盛大な人生』

病気を治したいときは「私は病気を気にしない」と暗示

では、暗示の具体例を挙げておこう。「病気を治したい」と願っている場合、真っ先に「病気が治る」と命令したいと思うだろうが、実際に病気を治すにおいて主役となるのは自らの自然治癒力である。投薬も手術も結局は自然治癒力の補助手段に過ぎないのだ。そこで、病を追い払う自然治癒力を高めるためには「病気を気にしなくなる」と命令するのがよい。

なぜなら、心の関与を受けずに活動するのが肉体の本来の姿であるはずなのに、病気を気にすることで心を関与させてしまうと、心の関与を受けないはずの自律神経系にまでなぜか影響が及んでしまうのだ。

すると推察されるのは、血管が収縮して血流が低下し、患部に新鮮な酸素や栄養が供給されず、さらにそこから老廃物が排出されずといったことになり、治癒が遅延することになってしまうといった事態である。

ただし、事実として病気は投薬や手術などの治療を要する場合があるのも確かである。だから、そういうときに肝心なのは、治療は医者に任せて、精神的な暗示として「私は病気を気にしない」を徹底することである。

人を喜ばせて、自分がまた、その人とともに喜ぶということが、いちばん尊いことなんだ。

『盛大な人生』

結果に至るプロセスを暗示対象とする

「成績を上げたい」という場合は、単に「成績が良くなる」と言ってもおそらく効果はない。先ほどの病気の場合と同様、そこに至るプロセスを暗示対象にしないといけない。だから英語ならば「英語が好きになる」、仕事であれば「仕事が好きになる」と命令する。「好きこそものの上手なれ」で、好きになれば興味が湧き、やる気が出て、好きなことだから努力を惜しまず、疲れずに持続できる。すると結果が自然とついてくるというわけだ。

「目覚ましなしで目覚めたい」という場合は、これは割と短期間で実現できるものなので、命令暗示の練習あるいは成果の確認に格好の事例となる。

現に私は目覚まし時計を使うことがない。「よし○時○分に起きるぞ」と入眠時に暗示をかけておくと、翌朝には決めた時間の10~15分前に必ず目が覚めるのだ。

この暗示を始めたのは大学生のころで、それまでは往々にして親に起こされていたので、何とか親の手を借りずに自分で起きようと考えたのがきっかけだった。始めてみると案外と早く、1カ月もかからずに願いが叶うようになったので、命令暗示法の練習材料にされることをぜひともお勧めする。

人間というものはね、人間らしい生き方をしているかぎりは、人生の中途でみだりに不運になったり病んだりする気づかいは絶対にない。

『信念の奇跡』

天風が亡くなる日まで続けた命令暗示の内容

命令暗示法を行う場合は「お前、信念が強くなる」と命令するのを基本とする。それは天風が「信念、それは人生を動かす羅針盤の如き尊いものである」と説いたがゆえで、実際のところ「人生こう活きるぞ！」という強固な信念がないと、行き先の定まらない人生になってしまう。そして信念には「これで完璧」というものがない。いくらでも強くすることができるし、強くする必要もあるのだ。天風でさえも、亡くなるまで日々この命令を自分自身に下し、信念のさらなる強化を図っていた。

だが、信念のような非常に難しい命令事項を、成果が認められるまで命令し続けると、私たちの場合は他の命令ができなくなる。そこで信念という一大テーマに固執することなく、命令内容を具体的かつ身近なものに置き換えてもよいし、昼間に行うようにしてもよい。実在意識の活動が旺盛な昼間でも、意識明瞭で真剣であれば暗示の強度が高くなり、そのまま潜在意識領に入って強固な観念要素を築けるからである。

最後に注意したいのは「命令したので大丈夫、後は寝て待とう」では困るということだ。それでは単なるマジナイで終わってしまうので、たとえ命令の継続中であっても、それと並行して実現したい事柄に向けて努力することである。

人生は苦の娑婆《しゃば》だなんて言ってるのは悟りを開けない奴が言ってる寝言ですよ。生きる正しい方法を知って生きたら、人生ぐらい愉快な、人生ぐらい恵まれた、人生ぐらいありがたいものはないんですもの。

『成功の実現』

自己暗示誘導法③——断定暗示法

最後に三つ目の「断定暗示法」を解説する。これは、命令暗示した事項がすでに具体化していると断定する暗示法である。

たとえば、前夜（前日）に「お前は英語が好きになる」と自分に二人称で命令したら、翌朝に目が覚めてからイの一番に、今度は一人称で「私は英語が好きになっている」と声を出して断定するのだ。つまり、命令暗示によって潜在意識領で観念要素となったものを、再び実在意識領へと引き戻して「私は暗示どおりになっている」と意識付けるのである。さらに断定暗示法は、翌日中に何度も行うとより効果が出る。暗示力が暗示の頻度に比例するからである。

紹介した三つの自己暗示誘導法をまとめると、これらは自らの明確な意思によって、積極的な事項を潜在意識領へと暗示注入して積極的な観念要素を次々と作り、それによって既存の消極的な観念要素を希薄化しようというものだ。続けてさえいれば、汚水が清水へと置き換わるように、いつの間にか観念要素が消極から積極へと更改（置換）されるのである。なお観念要素を更改するには、これらの暗示法とは別に、日常の言葉や行動あるいは心の態度も暗示となり得る。

想像の作用を正確に応用すれば、それはとりもなおさず、幸福の楽園へのよき案内者を作ったのと同様である。

『天風誦句集』

耳から入る言葉は暗示力が強い

言葉は他面暗示に限らず、自己暗示でも強い暗示力を持つ。例としては、前者は他人の言葉や新聞・書籍の文字が、後者には自分が発する言葉がそれぞれ該当する。では、言葉を目（視覚）から入れるのと、耳（聴覚）から入れるのとでは、どちらの暗示力が強いのだろうか。その答えは耳の方である。

なぜなら、情報の明示度が高いとその暗示度は低くなり、逆に明示度が低いと暗示度が高まるという、明示と暗示には逆相関の関係があるからだ。「百聞は一見に如かず」という言葉があるように、情報がはっきりと見えるとそれを意識できるので暗示の発生が抑えられがちになるが、聞くだけだと意識することが難しく、情報の暗示化がかえって起こりやすくなるのである。

思考の道具として心の中で用いる言語を意味する英語に「Inner Speech（脳内言語）」という言葉があるが、これは言葉が思考そのものであることを示唆する言い回しといえる。人は言葉で思考する。英語圏の人は英語で、仏語圏の人は仏語で、そして私たちは日本語でという具合で、それぞれが日ごろ使う言語で思考する。思考形態に国民性が現われる一因がここにあるのかもしれない。

そもそも「孤立」ということと、「独立」ということとは、まったくその意味を異にしている。独立ということは、正しい自覚をもつ人間として最も尊い人生状態である。がしかし、孤立は天理に背反《はいはん》する無価値のものである。

『真理のひびき』

言葉には計り知れない威力がある

命令暗示による自己暗示力が強力なのは、その言葉を自作自演した本人が誰よりもハッキリと聞いているからだ。裏を返せば、それだけ強い力があるのだから、自分の口から出す言葉には十分な注意と配慮が必要である。

天風は、自分の境遇や仕事を消極的あるいは悲観的な言葉で批判してはいけないと諭した。「私は情けない、もう駄目だ」とか、「なんてつまらない仕事だ」などという言葉は、思ってはいけないし、ましてやそれを口にするのは厳禁である。人生を泥沼へと陥れる消極的な思いや考えを後押しするばかりか、その言葉が脳へとフィードバックされて消極的思考をさらに生み出し、屋上屋を重ねていくからだ。

言葉を使うときは、思考内容と乖離していてもいいから、自分を鼓舞できるような積極的な言葉にすること。そうすれば、やがてその言葉で積極的な思考が誘導される。これが思考と言葉に絡まる自然なメカニズム、すなわち宇宙法則である。

「言葉」が人類を人間たらしめたと言っても過言ではない。音声や身振り手振りで意思を伝え、見聞きした情報を絵で表していた人類が、知で言葉を生み出し、その言葉がさらに知を育んだのだから、言葉には計り知れない威力がある。

良い運命の主人公として活きていきたかったら、何をおいてもまず、心を積極的にすること。

『運命を拓く』

「心が強い」ということ

「あっ」とか「痛っ」とかの反射的言葉を除けば、言葉の背後には必ず思考が隠れている。積極的な言葉であることはもちろん、正直で嘘偽りのない言葉を使うように心がけることで同質の思考が誘導され、前途洋々とした人生が拓かれていく。

行動（表情や動作）は、他者への他面暗示となる一方、言葉と同様に自己暗示ともなる。反射的な行動でもない限り、必ずや背後に思考ありきで、消極的な思考に基づく行動は消極的になり、推して知るべしの結果が消極の仕上げをすることになる。

では、他者の考えや意見に沿って行動する場合はどうか。これとて、首に縄をつけて強制的にやらされるのでなければ、いくら指示されたとしても最終的に行動を決めるのは自分である。だから、不首尾に終わった場合でも、他人の〝せい〟にしてはいけない。それほど消極的で、自分を憐れに惨めにすることはないからだ。

それとは逆に、常に〝お陰様〟という感謝念を抱くようにすること。そして、結果が上首尾なら他者の功とする。不首尾の場合は、それによって勉強させてもらった、反省材料を与えられたと素直に思う。誰かの〝せい〟にする考え方を排除し、何にでも感謝の気持ちであたることが積極であり、心が強いということなのだ。

暗い方面から、嫌な方面から人生を考えりゃあ、世の中に明るさ、何にもないわ。暗かったら窓を開けろ。光がさしてくる。

『盛大な人生』

「不平や不満を口にするほど、愧《はず》かしいことはない」

三行《さんぎょう》とは、正直、親切、愉快のことをいう。感謝と三行は積極心の典型だ。天風は「不平や不満を口にするほど、愧《はず》かしいことはない」と戒めた。不平や不満は「愧＝心が鬼のよう」ともいえる典型的消極心だからである。

人間は誰しもが自分の思いどおりにしたい、なりたいと思っている。だが、それが叶う確率は低いのが現実。すると、不平不満を抱く人は往々にして満足を他者の足を引っ張ることで得ようとする。

不平不満は嫉妬心を生むばかりか、時にはそれが憎悪へと進展し、さらには自分自身を卑屈にし、向上心をどこかへ追いやってしまう。幸いにも私は不平不満をよしとしない。それは幼少のころ、不平不満を口にしようとすると、家族が「分相応」「身分が違う」といった言葉で不平不満の芽を摘む一方で、「早くそういう身分になれ」と暗に言ってくれたからだ。私はその言葉で卑屈になることなく、向上心を抱き続けられた。今は「身分が違う」というと差別用語のようになるが、気心の知れた人に向かって、その人のためと思って使うのは許されるであろうし、心が積極的なら「分相応」という言葉を理解し、納得して受け入れられるにちがいない。

無理に眠ろうとしない

本当に眠くなってから就寝すること。決して無理に眠ろうとしないで、徐《おもむ》ろに睡眠を催すまで待とうと、呑気《のんき》な気持をもつことが何より必要である。そして、第一に必要なことは昼間でき得るだけ、小マメに肉体筋肉を働かす事である。

『錬身抄』

不平不満の対極となる「感謝念」

不平不満の対極となるのが感謝念である。

天風は『真人生の探究』の中で、終戦直後の日本人の心を鼓舞しようとして、次のような印象深い言葉を述べている。

「私は現在の日本を考え、単に不幸だと愚痴る人には、決して理想的の民主国家としての真日本の建設などは到底覚束《おぼつか》ないと思う。寧ろ現下のお互い日本人は、現在のすべてを、真日本の建設という一大事実を現実化するために、天が我等日本人に慈愛を以て与えられた一大試練だと断定するならば、期せずして一切の事物現象が自己を研《みが》き上げ、また自己をより高く積極的に啓発する題材となり、やがてその結果は、世界平和に協調し得る国家社会を作り上げることが出来ると思う時、価値のない不平や愚痴は忽ちその影を潜め、これにかわるに、限りない感謝念の湧然たるのを意識するであろう」（原文のまま）

これは戦争で家を失い、富を失い、身近な人の命を奪われ、日本全体が打ちひしがれている最中の言葉であるが、同情や慰めは一切なく、「天が日本人を立ち上がらせようとして、慈悲をもって与えた一大試練と思え」と呼びかけているのだ。

磨きたての真珠を薄絹に包んだような気持ちになったらどうだ。

『幸福なる人生』

絶対的感謝念と相対的感謝念

天風は「悲しむ時は大いに悲しんでよいが、それをいつまでも引っ張っていては駄目だ。次へ進もうとする意欲を削ぐだけだから早く断ち切れ、それが強い心というものだ」と言った。また別に、祖父の四十九日の法要の場でも、今日はこの世に残っている者が心の区切りを付ける日でもあると、菩提寺の老僧から教わったことがある。

悲しみに限らず、心が折れ、萎えている時に、感謝念など湧くはずがないと思うのが普通であろう。しかし、心の泥沼から抜け出すには、その境遇や状況の中からわずかな光明を見出し、その光明に感謝する。実はこれが一番の手立てなのである。

しかし実際に感謝念を覚えるのは、親切や援助のように、他者の力によって助けられた時に限られているようだ。そうすると、恩恵を被らないと感謝念が生じないことになる。こうした前提条件を必要としたものは相対的感謝念という。これに対し、絶対的感謝念というものは無条件、つまり〝感謝まずありき〟の感謝念である。

だから天風は、朝に目覚めたら何はさておき「今日も生きているぞ!」と感謝しろと説いた。生きているのは、造物主が「生命を取り上げよう」と思わなかったおかげで、「私は生かされている」と自覚すれば、この感謝念はおのずと湧いてくる。

信念　それは人生を動かす羅針盤の如き尊いものである。従って信念なき人生は、丁度長途《ちょうと》の航海の出来ないボロ船の様なものである。

『天風誦句集』

正直に、親切に、愉快にという心の態度

感謝念を培う手助けとなるのが、正直に、親切に、愉快にという心の態度である。「正直」とは、心に嘘偽りがないことの証明である。後ろめたい気持ちがある時、何か元気を取られるような感じを覚えないだろうか。天風は正直について、「泥棒が顔を隠すのは、本心に反している顔を見られたくないからだ」とよく冗談めかして話したが、どんな人間も正直こそが本然の心、すなわち宇宙根源からの活力を受け入れる条件となる心なのである。

「親切」を、天風は「深切」とも書いた。「深く切ない想い」という意である。そして親切を含め、愛は一方通行の心、見返りを求めてはいけない心である。お礼がほしければ、事前に相手と報酬に関する契約書を交わしておくべきであろう。

「愉快」は、周りの雰囲気（ムード）が楽しい時やうれしい時に覚える気分の一種で、三行のうちで最も肉体活動（健康）と関係すると思われる感情だ。事実、愉快だと食べ物やお酒がおいしく、何をしても疲れにくいという経験は誰にもあるはずで、その実態は肉体が本来の心地よい姿である恒常性を保っている状態である。心身相関のルールに従えば、愉快は自分自身で作り出せる気分ということになる。

人は万物の霊長として、宇宙霊のもつ無限の力と結び得る奇《く》しき働きをもつものを、吾《わ》が心の奥に保有す。

『天風誦句集』

消極感情を生み出さないようにする「三つの勿《なか》れ」

消極感情を生み出さないようにするために重要なのが「三つの勿れ」だ。勿れは「するな」の意で、三つとは「怒るな」「怖れるな」「悲しむな」である。

野生動物なら怒りや怖れは捕食者から身を守るために必要だが、人間はそういった生命のやり取りをする必要がない社会にいるにもかかわらず、これらの原始感情によって憎み、恨み、妬みなどの消極感情を作り出す。忠臣蔵がその例で、一説によれば始まりは塩田を持つ赤穂藩《あこう》への吉良上野介《きらこうずけのすけ》の嫉妬だったという。それが原因で浅野内匠頭《たくみのかみ》へのイジメ行為に及び、刃傷沙汰が起きた。主君を失った赤穂浪士は怒り、悲しみ、討ち入りへ発展した。上野介が嫉妬を抱かなければ、あるいは内匠頭が怒りを抑えていれば、四十七士が死ぬことはなかっただろう。

私たちの理性心が作り出す消極感情は、他者との競合で生じる敗北感の裏返しといえる。競合は互いに切磋琢磨することで進歩・発展につながることもあるが、問題は勝ち負けの結果をどう捉え、どう対処するかだ。つまりは消極感情をいかに排除できるかであるが、理性心には怒りや怖れを統御する力がないと天風は断言する。だから、これらの典型的消極感情を覚えたなら、「良くない！」と強く意識することである。

人生はどこまで行っても現実の世界ですから、やせ我慢や空威張《からいば》りでは解決しない。現実の世界は、あくまでも現実の理解を現実に実行してのみ、解決がつけられる。

『真人生の創造』

「三勿《さんこつ》」対策は命令暗示法で

生命活動を司る自律神経は、心（感情）の関与を受けないのが本来の姿である。しかし、腹を立てると心臓の鼓動が速まって血圧が上昇したり、悲しみを覚えると食欲が落ちたりといったことが往々にして起こる。これは、自律神経ひいては生命活動そのものが、感情の影響を受ける証ともいえる。

私たちの日常生活で、本当に怒らなければならないこと、怖れなければならないこと、悲しまなければならないことがどれほどあるだろうか。よくよく考えると、本来ならその必要もないことに、怒り、怖れ、悲しんでいるのが実情である。「三つの勿れ（三勿）」は百害あって一利なし、何ら正当な理由も、価値もない。

三勿への対策としては、命令暗示法を用いる。寝る前の所定の命令暗示を行った後に、じっくりと今日一日を振り返り、三勿のどれかの記憶があったら、それが本当にやむを得ないものだったのかどうかを心静かに内省検討するのだ。

続いて、鏡に向かって「あのくらいのことで心の平静を失うとは何事だ。今後はあんなことくらいで怒る（怖れる、悲しむ）な！」と命令するのである。大事なのは、それで終わりにせず、この命令を翌日に必ず実践することである。

自主自律《じしゅじりつ》。自分の命を人頼みにしないで、自分の命と運命と一切合切を、自分が監督し、支配し、そして統御し、運営していかなきゃならない。それが自主自律。

『心を磨く』

積極観念を養成すべし

感応性能の積極化を図るためには、積極観念の養成が必要である。なぜなら、いくら熱心に観念要素の更改法を行っても、意識がある時（睡眠中以外）に作る観念が消極的であれば、その観念がそのまま消極的観念要素となり、それでは汚水に汚水を注っぎ足すことになるからだ。

具体的にどのような心の持ち方・使い方をすればよいのかというと、天風は「常に心をして、自己の人生を明るい方向だけに向けるように努力しろ」と言った。つまり、どのような境遇や状況下にあろうとも、ほんの一瞬たりとも消極心を発生させることなく、「常に」積極心で立ち向かえということだ。だが大概の人は、それは難しいの、やれできないのと、余計な言い訳や理屈を並べて実行しないのである。

積極のイメージは、常に心構えが前向き、明るくて朗らか、活き活きとして元気で清々しい。本当は誰しもが心の底でそうありたいと願っている心身の態度である。消極は積極の反対のイメージで、笑いを忘れ、不安げにクヨクヨと心配し、眉間にしわを寄せて不平不満を口にし、視線を落とし背中を丸めてとぼとぼと歩く。こういった態度を取りたいとは誰も思わないだろうが、しかし案外と多く見受けるのが実際である。

新しき計画の成就《じょうじゅ》はただ　不屈不撓《ふくつふとう》の一
心にあり。
さらばひたむきにただ想え、　気高く　強
く　一筋に。

『真理行修誦句集』

23ある消極心

積極は大まかな例示で全体をイメージできるが、消極は人間の心が次々と作り出すものだから多種多様だ。現に天風は、次のように23もの消極の例を挙げている。

まず基本となるのが、動物の本能として必要な三つの原始感情。

○怒り　○怖れ　○悲観

次に動物にも多少はあると思われる理性が作り出す感情。

○嫉妬　○排他（好き嫌い）○復讐（仕返し）

残りは、人間が知（悪知恵）を働かせて作り出した感情だ。

○煩悶（悶え）○苦労　○悩み　○憂い（憂鬱）○迷い　○心配　○憎み　○恨み　○嫌悪　○悪口　○疑い（猜疑）○邪推　○焦り（焦慮）○不平　○不満　○自暴（やけくそ）○自棄（捨て鉢）

これらの感情を、一度も抱いたことがないと自信を持って断言できる人はおそらく誰一人としていないだろう。改めて内省してみると、消極感情をいとも簡単に、そして人によっては頻繁に抱いていることに気付かされるにちがいない。

積極観念の養成法は五つあり、ここからは順を追って説明していく。

人間が人間らしく生きるのには何をおいてもまず第一に我々は「生命の生存」を確保する「生き方」を考えなければならないのです。その次に、「生命の生活」という「活かし方」を考える。

『成功の実現』

積極観念の養成①——内省検討

養成法の一つ目は「内省検討」だ。事物事象（情報）を前にして何よりも重要なのは、それを受け取る際に感応性能がどのように働くかである。なぜなら、感応性能次第で情報の質はもとより、情報に基づいて形成される観念、発生する心までもが、積極的か消極的かに分かれることになるからだ。自らの心の態度を監視する内省検討は、情報を受け取る際の心のチェックであるといえる。

具体的には、積極的よりも消極的か否かのチェックである。前述した23の消極心のどれかを抱きながら情報と応接していないかどうかを検討するのであるが、この検討の評価はあくまでも客観的でなければならない。

主観的だと、つい評価が甘くなる。だから絶対に感情を交えず、あくまでもクレバーに情報に対する自らの心の態度が積極か消極かを客観的に検討する。客観的で冷静沈着な内省検討を重ねていくうちに、眼前の情報に積極観念を集中させることが当たり前になると、よくない傾向を克服することが必ずできるようになる。

内省検討は、情報に応接する心の態度を積極化するには格好の手段であるから、これを徹底すれば、感応性能の積極化が一段と進むことになる。

成功者を見てごらんなさい。いずれもその周囲と親しみ穏やかに溶け合っていますから。周囲とのべつ争いを繰り返して成功している人間なんていやしません。

『真人生の創造』

積極観念の養成②——暗示の分析

二つ目は「暗示の分析」。天風はこれを、他面暗示が積極的なものか、消極的なものかを分析する方法だと説いたが、これは私たちが情報を無意識的に捉えることで暗示化していることが前提なので、暗示という語句を情報に置き換えて説明する。

情報の受け取り方は百人百様だが、なぜ他者には積極的に作用するのに、自分には消極的に作用するのか。これを先述した内省検討で理知的に分析する。この分析によって自らの消極的観念要素を徹底的に掘り起こし、観念要素の更改が進むと同時に、情報の分析をより正確に行うことができる。

また、情報を暗示化しないためには、意識を明瞭にして情報と対峙することである。すると情報の精度が高まり、暗示ではなく明示となって脳へと届く。情報の明示化が進めば、「積極とは何か」を知っている心が「これは積極だ」「イヤ、消極だ」と情報を素早く分析して、選択的に積極情報を取り入れる一方で、消極情報をブロックするようになる。ただし、世の中に無駄な情報は一つもなく、ある人には無駄であっても違う人にとっては有益かもしれない。要は、あらかじめ設定した明確な基準に則って情報を分析し、それを暗示にしてしまわないことである。

どこまでもまず人間をつくれ。
それから後が経営であり、あるいはまた
事業である。

『成功の実現』

積極観念の養成③——対人精神態度

三つ目は「対人精神態度」だ。対人精神態度はいわば暗示のキャッチボールである。悪球（消極暗示）を投げると、時に受け損なった相手の心に損傷を与えるし、こちら側のグローブ（心の態度）に破れがあると、返された球でケガをしかねない。

この態度の基本は思いやり、つまり霊性心の発揮である。したがって他者と付き合う時は、相手の気持ちを慮り、正直に接し、親切を施すように心掛けることである。

病気やその他の様々な要因で不遇にある人への対人精神態度はとりわけ重要で、単に同情したり慰めたりするよりは、相手を鼓舞あるいは奨励するのが本当の対人態度であると天風は言った。相手の暗い気持ちに同調するのが同情だと間違ってはいけない。確かに同情は美徳だが、心配は何ら親切ではなく、消極暗示以外の何ものでもないのだ。本当の親切ないし積極とは、自らの態度によって不遇にある相手に「よし頑張るぞ！」という勇気を出させることなのである。

また、相手と一緒になって怒ったり悲しんだりすると喜ばれるかもしれないが、これも間違いで、同情も度が過ぎると感情移入してしまい、相手の消極心の感化を受け、時にはそれを通り越して同化されてしまうことがあるから要注意である。

苦労したり、悩んだり、人を憎んだり、怖《おそ》れたり、悲しんでるとき、気持ちいいですか。あんな嫌な気持ちなかろう。その嫌な気持ちをなぜ心にさせるんだ。喜ばせてやれ。しじゅう楽しく考えさせてやれ。それが心に対する義務だぜ。

『盛大な人生』

積極観念の養成④——取越苦労厳禁

四つ目は「取越苦労厳禁」だ。苦労ほど積極観念の作成を妨げるものはない。現下の事柄や状況に苦労を感じるだけでも厳禁なのに、今さらどうにもならない過ぎたことを悔やみ、その時が来ないと分からない未来に不安を抱く人が案外と多い。

人間は現在の苦労の克服に精一杯の心的エネルギーを費やしているのだから、過去や未来にまで苦労の種を作るのは愚の骨頂だ。過去の失敗なら次のステップへの踏み台になり得るが、とりわけくだらないのは未来を想っての取越苦労である。

そこで天風は、杞憂《きゆう》という語句の成り立ちの話を使って、いかに取越苦労が無駄な心配（気苦労）かを説明した。古代中国の杞の国に、空が落ちてくるのではと心配し続けている男、大地が陥没するのではと心配し続けている男、何もせず心配ばかりしている二人の行く末はどうなるのかと心配し続けている男がいた。この三人が杞の国の三憂として愚者の見本とされ、無駄な気苦労のことを杞憂と言うようになったという。

これは取越苦労がいかに無駄な心の使い方かを如実に物語る逸話だ。心配しても物事は解決せず、生まれるのは人生の歩みを阻む障害のみ。だから「取越苦労は消極観念の見本のようなものだ、いいか厳禁だぞ」と、天風は言ったのである。

およそ人間の心のなかの思念というものが、それはすごい魔力のような力をもっているものであるということをもっともっと真実に、確信的に、忘れないようにしなきゃいけないんだよ。

『盛大な人生』

積極観念の養成⑤——正義の実行

最後の五つ目は「正義の実行」だ。正義とは、宇宙根源（造物主・宇宙霊）が定めた規範で、私たち人間が思考や行動の基準とすべきものと解釈してよい。

それゆえ、天風は「正義の実行は何も難しいことではない。むしろ容易なことだ。人間なら誰にも、極言するならどんな悪人にも、生まれつきにある本心良心に基づいて思い考え、行動すればそれがすなわち正義の実行である」と断言した。

ところが世の中では、天が定める正義の何たるかを知らない者が都合のいいように定義を変更し、それが争い事の旗印に利用されて独り歩きすることもある。

天風は、学生に向け「自ら反《かえ》りみて縮《なお》くんば、千万人と雖《いえど》も吾《わ》れ往《ゆ》かん」との古語を引用し、やましい心を戒めると共に「偉くなれ、金持ちになれ、獲得したものは社会貢献に使え。ただし正義を実行しての上だぞ」と説いた。20歳前後だった私には正義を知ることは難しかったが、「やましいことはしないぞ」という決意を抱かせた。

私は「神の心は正義のみ。したがって人が正義を行う時、神の力は、その人に無条件に注ぎ込まれる」という西哲の言葉を座右の銘にしているが、やましい心を抱かずに正義を貫けば、活力が注ぎ込まれ、健康や運命すらも保証されるのだ。

第四章

現在ただ今を生きる

——心身統一に導く天風式クンバハカ法

明日はどこへ行こう、明後日は何しようと考えて、現在ただ今を、ちっとも尊く生きてない人がありゃしないか？

『心に成功の炎を』

心身統一法と「気」の流れ

心身統一法の最もユニークな点は、人間の本体そのものが気であり、その気を中核（殻）にして肉体が構成される一方、宇宙根源である大本《おおもと》の気が松果体へと注入され、肉体および精神の活動エネルギーとして作用しているとする観方である。

天風は、「気」には2種類あると注意する。一つはプラスの気で、建設の方向に働き、もう一つはマイナスの気で、破壊の方向に働くとする。人間も動物も、生殖活動期を境に建設の力は衰え、破壊の力が増すが、これは肉体的老化で自然の摂理である。一方で精神（心）には細胞活動がないから、精神的老化は防ぐことができる。「あの人、気が若いね」といわれる人は、明るく朗らかで活き活きとしていて、積極的な心の持ち主だという共通項がある。

プラスとマイナスの双方の気が作用しているはずなのに、総じて子供や若者が元気なのは、肉体生命が旺盛で、その力でマイナスの気を跳ね除けているからではないかと想像する。だが、これもいずれは加齢と共に肉体生命の活動力が衰え始めると老化が始まり、病を発症しやすくなる。ではどうすべきかというと、プラスの気を少しでも多く取り入れ、かつ維持する方法を考えることである。

いいかい、他人に好かれようと思ったら、何よりも自分があまり好き嫌いのないようにすることです。

『君に成功を贈る』

宇宙根源の「気」が身体のすべてのところに存在

神経系においては、一つの刺激によって神経細胞が興奮すると、その興奮がまた刺激となってその先の神経細胞を興奮させるという順序を次々と繰り返し、やがて神経の末端にまで刺激が到達することになるが、実はこの興奮を起こしているのは細胞間における電位の差である。そこで天風は、この電気エネルギーの本体（実体）を気と捉えた上で、これらの関係を例に生命現象のメカニズムを説明している。

電子を要素とする電気は、発電機のコイルの中で磁石を回すことで作成され、それが光、熱、動力へと変換されるが、このメカニズムを身体内での気の変化に置き換えると、宇宙根源由来の気は次のように変化する。

受容された気は、まず命の力の要素となり、この命の力が生命体（すなわち我の本体）を構成する。そして、この生命体の中で、肉体生命（体）を生かす力と、精神生命（心）を活かす力が作り出され、この二つの力をベースにして、六つの力のように具体的に分類できる諸般の力が作られていくとしている。この概念によって、宇宙根源の気が身体のすべてのところに存在していて、しかも自由自在に動き回っている様子をイメージすることができるだろう。

食うために働くのではなく、働かんがために食うというのが、絶対の真理である。

『錬身抄』

心の態度で「気」を受け取る量が変わる

電気の場合、電流回路のどこかでトラブルが生じると、ブレーカーが落ちてその回路の電流を遮断し、事故を防ぐようになっている。これに対し、気の流れは宇宙根源からの供給が途絶えることは絶対になく、本来ならば送られてくる気の受け取り分量が減少することもない。ここで気付かねばならないのは「本来なら」という語句の意味だ。それは心の態度で、本来の態度は積極だということである。

心の態度が本来ではない、すなわち消極だと、宇宙根源から送られてくる気の受け取り分量が減少し、それに伴って我の本体である生命体（発電機）を構成する命の力（気）の分量が減り、人生に必要な諸般の力の作成量（発電量）が減ることになる。なぜ積極が重要なのかの答えの一つは、まさにここにあるともいえる。

この概念を基に、天風は、脳へ入った気が中枢神経系（脳と脊髄）から末梢神経系である脳神経系および脊髄神経系、自律神経系（交感神経・副交感神経）を通路にして移動すると捉え、これら神経系に存在する「神経叢《しんけいそう》」に着目し、そこを気の貯蔵所とした。加えて、末梢神経系の過敏反応によって気の過剰消費や漏出が起こると考え、その対処法として神経反射作用の調節法を考案した。

立派な建築物を造るのに、まず必要なものは、完全な設計だね。立派な人生をつくるのも、これと同様だ。心にけちくさい設計や想像を描いて、人生に豪華絢爛《ごうかけんらん》な現実が生まれてくるはずないじゃないか。

『信念の奇跡』

気の貯蔵所である「神経叢」

神経叢を知るため、脊髄神経系の神経叢を例に挙げて大まかな説明をしておく。脊髄を起点にして左右に分かれ、身体各部へ向かう末梢神経には、頸神経（8対）、胸神経（12対）、腰神経（5対）、仙骨神経（5対）、尾骨神経（1対）の五つ（計31対）があるが、これらの神経は脊髄を出て間もなく、上下に隣接する神経が縄を編むかのように、互いに枝を出し合って網状の神経の集まりを形成する。これが神経叢で、脊髄から出て最初に作られる大きな神経叢には、頸神経叢、腕神経叢、腰神経叢、仙骨神経叢、尾骨（および陰部）神経叢があり、そこから再び枝分かれした後、小さな神経叢を幾度か形成しつつ、すべての神経が末梢へと到達する。

一方で、私たちの意思とは無関係に内臓の運動や腺の分泌を調節する自律神経系（交感神経・副交感神経）は、中枢を出た後、主として血管壁に巻きつきながら末梢へと走る。その走路にも数々の神経叢が存在するが、生命維持に関わる点での重要度は脊髄神経よりはるかに大きく、中でも俗に水月と呼ばれる急所であるみぞおちの裏にある「腹腔（太陽）神経叢」は身体中最大の神経叢で、胃、腸、肝臓、すい臓、脾臓、腎臓などに分布していく自律神経が集積している。

感情の虜《とりこ》になり、本能の奴隷になることは、人間として一番の恥辱《ちじょく》だ。

『真人生の創造』

神経系の中を移動しているのは「気」そのもの

宇宙根源由来の「気」が私たちを生かし活かしていると捉え、天風はこれを「活力」と呼んだ。そして活力（気）は脳から出るといったん腹腔神経叢に保留され、その後に全身へと配布されていくと天風は考え、この神経叢が体内最大の活力の集積所であり貯蔵所であると説明している。

一方で事実として、神経系における情報伝達を担っているのは電気エネルギーである。

実際に、外界もしくは体内からの刺激・衝動は一切漏らさず末梢神経の感覚神経を介し、中枢神経である脳・脊髄へと伝わる。すると、中枢がそれへの対応策を講じた上で、これを命令として運動神経を介して末梢へと伝え、言葉や行動が起こることになる。これには二通りがあり、一つは大脳で考える時間的な余裕がある場合、もう一つは瞬時に反応しなければならない場合で、後者のような状況では反射という形で脊髄がその任を負っている。

そして、この伝達システムは生命維持を操る自律神経系においても同様であるから、前述の電気エネルギーの本体を気とすれば、神経系の中を移動しているのが実は気そのものであると捉えることに何ら矛盾はないだろう。

どんな事を為《な》すにも力と勇気と信念とを
欠如してはいけないが、その場合「調和」
ということを無視せぬよう心がけないと
往々軌道《きどう》をはずれる。

『叡智のひびき』

ストレスは忌み嫌うべきものではない

ストレスとは外力のことを指す。何か悪役のようなイメージが付いて回るが、私たちが外部からの刺激に対応して生（活）きていられる、逆に刺激がなければ生（活）きられないという事実に照らせば、忌み嫌うどころか歓迎すらしてよいものだ。悪いのは外力ではない。対応力がなくて力負けしてしまうこちらの方だ。

神経が図太くて、いくら刺激・衝動があっても慌てず騒がずにいられるのなら問題ないが、大抵の場合は神経が過敏に反応し、活力（気）の浪費が起きる。暗示の効果がその頻度に比例するのと同様、心の力が弱くていつもビクビクして外力に負けていると、それに呼応するかのように活力の浪費が常態化し、自ら生命を削っていることになる。

強度に関しても同様だ。身体が「シマッタ！」と感じる非常に強いストレス（代表的なのは完全骨折と大ヤケドで、往々にしてショックを起こす）の場合には、その裏で起きている活力の消費量たるや尋常ではない。特に高齢者がこの種のストレスを被ると、生命の残り火を一気に吹き消されることにもなりかねないから、注意を要する。いずれもストレスによって自律神経の神経反射作用が過敏になるのが問題なのだ。

肉類食わないで野菜ばかり食ってるのは精進《しょうじん》じゃねぇ。もちろん、それも精進としての必要な心がけだが、体にばかり精進の飯食《おんじき》を与えて、心に少しも糧《かて》を与えなかったら、人生に真の自覚を持って生きている人とは言わない。

『真人生の創造』

身体中に気が満ちる「聖なる体勢」

天風の修行の一つに、小川の中に坐っての瞑想があった。何しろヒマラヤの水であるからその冷たさは尋常ではなく、身体はおろか頭のてっぺんまでがしびれ、瞑想などできる状態ではなかった。この修行が1カ月続いたある日、師である聖者が「なかなかよろしい」と言うので、川から上がり礼を述べると「ダメだ」とピシャリと言われた。これが何日も繰り返されたとき、頭脳明晰な天風は水の中なら「よろしい」と言われ、外だと「ダメだ」と言われるのは体勢の違いに因るものだと、ハタと気づいたのである。それから数日が過ぎ、川の中での体勢を崩さずに川から上がると、聖者が「それでよろしい」と厳かな声で言った。「これですか？」「それだ！」、何の説明も要らない、師と弟子の間だけで通じる会話である。

その後天風は、この体勢を築くには三つのポイントがあることに気付き、それから後はどんなに強い衝動に対しても心を乱されることはなく、身体には力（気）の充実を感じるようになったばかりか、消滅寸前の「命」を完全な状態へと甦らせたのである。

そしてこの三つのポイントをベースに、天風が確立した神経反射の調節法が次から述べる天風式クンバハカ法だ。

この宇宙というものは、形ある宇宙の前に、もう既に形のない宇宙があった。

『力の結晶』

天風式クンバハカ法の実践①――肛門を締める

第一に「肛門を締める」。骨盤腔内の神経叢の過敏反応（異常興奮）を鎮めることで、肛門からの気の漏れを防ぐのを目的とする。事実、古くから禅では「止気《しき》の法」として、恐ろしいことや驚くことがあった時に用いよと説かれていたという。

参考となる事例を天風が紹介している。昔、桑名で渡海船が難破して多くの乗客が浜辺に打ち上げられ、検視が行われた。手慣れた役人が一人の僧を見て、「この者は死んではおらぬ、肛門を調べてみよ」と下役に命じると、下役が「肛門は固く締まっております」と返答した。役人は「ならば必ず蘇生するから手当てせよ」と命じ、下役がそれに従うと、僧は見事に息を吹き返した。

役人が「大事に臨んで肛門を締められるなどは未熟者にはできぬこと」と感服すると、僧は「愚僧は白隠《はくいん》禅師と申される偉いお坊様の下に使われております白翁と申す者で、京を発ちます時に師が、とりわけ何かの大事の時は、肛門だけは緩めるでないと仰せになりました」と話した。これを聞いた役人は「さすがは日本一の高僧よ」と、白隠禅師の教えに感激したという。この話は、医学的知識のない時代においても、「気」の漏れと肛門の関係をつかんでいた事実を示唆している。

宇宙の昭々《しょうしょう》たる摂理は、万象《ばんしょう》を恒に流転《るてん》す。されば今日《こんにち》の禍《わざわ》いも、やがてまた明日の幸いを瑞祥《ずいしょう》するの兆《きざし》たらん。

『真理行修誦句集』

天風式クンバハカ法の実践②——下腹部に力を充実させる

第二に「下腹部に力を充実させる」。「力」というと、ついぞ「えい」とばかりに下腹部に力を入れ過ぎる人がいるが、これは間違いで、気を込めるイメージで行う。

具体的には、これから真剣に何かを行おうとする時に、下腹部をポンと叩きながら、声にならないような低い声で「よし！」と気合を入れる。あの要領である。

昔から、腹を練る、腹ができている（腹＝肚）、という言葉があるくらいだから、その目的はほぼ明白であるが、実際的には腹腔内の腹腔神経叢をはじめとする多くの神経叢の確保にあると想定される。

ただし、留意しておかなければいけないのは肛門を締めるのを忘れないことである。なぜなら、肛門を締めておかないと、腹圧を受け止めることができず、腹部内臓の下垂を引き起こしかねないからである。もっとも、これは実際にやってみると分かることだが、肛門を締めずに下腹部に力を入れると、尾籠《びろう》な話だが放屁しそうになる。したがって、禅においても「へそは天に沖するを以て良しとし、丹田は未だ篠打たざる毬の如くあるべし」の諭しがあるのだが、まったくそのとおりで、天風のへそはものの見事に上を向いていた。

「サクセス」という言葉のもとは「サクシーディング」という言葉なんだ。サクシーディングというのは、継承して胚胎《はいたい》するという意味なんだ。つまり、絶えざる創造への活動がもたらす自然結果を「成功」と言うんだよ。

『盛大な人生』

天風式クンバハカ法の実践③——肩の力を脱《ぬ》いて降ろす

第三は「肩の力を脱いて降ろす」だ。俗に「上ずる」という言葉があるが、これは横隔膜の上昇を意味する。極度に怒ったり、恐怖を感じたりすると肩が上がり、時には下顎が上がり声が出にくくなることもあるが、これらには胸部から頸部にかけての幾つかの神経叢の動乱が関わっているとの解説が可能である。

紹介した三つの動作と止息を同時にするのが天風式クンバハカだが、これは心身が急激に衝撃を受けた瞬間に、その衝撃の程度に応じて意識的に行うクンバハカと言える。これに対して、天風がインドで会得したクンバハカ（聖なる体勢）は、無意識的、普遍的なものである。

日常で天風式クンバハカを活用するのは勿論として、やはり目指したいのは聖なる体勢、即ち意識せずとも何時だってそうなっていられるクンバハカで、それには意識的クンバハカを繰り返し行って習性化させることであるが、ただし私たちはその下地をすでに持っている。

普通の場合、肛門は締まっているし、下腹部に力がないと姿勢を保てない。リラックスしていれば肩が上がることもないからである。

「私は駄目だ」という自己否定をしないこと。進んで積極的に自己肯定をなさい。

『心を磨く』

天風式クンバハカ法の効果①

私的な話で恐縮だが、天風式クンバハカの効果を例示させていただこう。

まずは意識的なクンバハカの例である。結婚して3カ月目のころだった。当直で徹夜明けの朝、うたた寝でもしようかと折りたたみ椅子に浅く腰をかけ、車輪付きの椅子に足を乗せるとすぐに眠りに入った。すると突然、足側の椅子が動き、胴体が滑るように椅子から離れ、直角にコンクリートの床へズドンと落下した。

その瞬間、床に当たった尻は何も感じず、頭のてっぺんに何か鉄の塊のような重たい物が食い込んできたような感覚があった。痛み以上の感覚で、身体にとっては最大級の衝撃である。とっさに「これはヤバい」と思いクンバハカを施すと共に、打撲部に気を送ろうと試み、頭の中で気が移動している様子を観念化しつつ強く思念した。そして気の補充を図るべく、活力吸収法（後述）を繰り返した。

そのおかげか、10分ほどは何も起こらなかった。だが、しばらくすると当然のごとくショック症状が始まった。ガチガチと歯が当たり、夏が始まるというのに毛布を重ねても震えが止まらない。こらえようとしても失禁が止まらない。鈍痛が頭から背骨を通り尾骨までを覆っているような気がした。

多くいうまでもなく、人生はオンリーワンページである。どんなに人智が進歩しても、二生は絶対にないのである。

『真理のひびき』

天風式クンバハカ法の効果②

周りの医師たちが慌て始め、聴診器を当てながら血圧を測る。「脈拍微弱、血圧上は60、下は測れない」という声が聞こえた。命に危険がある状態である。

「すぐに血管確保して薬と気管挿管を。麻酔科を呼ぼう」と緊張した声がする。腰から下の感覚がないのが分かり、下半身不随を覚悟した。意識は薄れることなく頭は冴えていたため、仕事ができなくなる、子どもを作れない、離婚すれば家内は人生をやり直せる等々、思わなくてもよい取越苦労が次々と思考回路を駆け巡った。

幸いにも、それから30分経過したころから回復の傾向が徐々に現われ、やがてショック状態から脱し、下半身の感覚も戻っていった。

この体験によって、日ごろからクンバハカを意識し、インドで〈聖なる体勢〉ともいわれるクンバハカ体勢の構築を目指して努力していれば、命の危機に陥るほどの強い衝撃を受けた際でも、自然にクンバハカが施され、その影響を最小限に食い止めることができると実感した。そして、もう一つ大事なのは、日ごろから胆力を養っておくことだ。胆力によって心が守られていると、心の落ち着きを生み、この心の強さが心身相関のシステムによって身へとフィードバックされるからである。

失望や落胆をしている気持ちのほうを顧《かえり》みようとはしないで、失望、落胆をさせられた出来事や事情を解決しようとするほうを先にするから、いつでも物にならやしない。つまり順序の誤りがあるから駄目なんだ。

『心に成功の炎を』

天風式クンバハカ法の効果③

次は意識していないクンバハカの例である。若かりし頃、駅のホームに立っていると、後ろから上品な老婦人に声かけられ、「失礼ですが独身でいらっしゃいますか」と尋ねられた。「なぜですか」と尋ね返すと、「いえ、後ろ姿が大変に素晴らしいので、孫のお婿さんにと思ったものですから」との答えが返ってきた。しかしすでに結婚していたので、心の内では1年前に言ってよと思いつつ、「ありがとうございます」と礼を述べてその場を後にした。正面から（異論はあろうが）ならまだしも、なぜ後ろ姿なのか不思議だったので、後日に天風会の野崎郁子三代目会長に顚末を話すと、「クンバハカができていたからよ」と答えが返ってきた。

確かにその時は背筋がスッと伸び、肛門周囲の筋肉が締まり、下腹部に「気の力」がこもり、心も積極的態度を保っていた気がする。対面なら表情などで取り繕っていたであろうが、それができない後ろ姿を見ての声がけだったことで、「クンバハカとはそういうものか」と分かったような気がした。背中が寂しいとか、背中が泣いているとか、そう見られるときは、クンバハカをできていない上に、心が消極的であることを、おそらく見抜かれているのである。やはり、いつも溌剌颯爽でいることだ。

原因と結果とは、常に相等しき一線の上にある。

『真人生の創造』

天風式クンバハカ法の応用①——活力の呼吸法

天風著の『真人生の探究』には、クンバハカ体勢を応用して活力（Vril）の吸収、あるいは利用効率を高める方法が紹介されているので、ここで触れておく。

まず一つは「活力の吸収法」。活力は直接的ないし間接的に五つのルートを介して身体へ吸収される。一つ目は空気で、宇宙根源それ自体である気は、天風流に言えば自らの周りに「隈なく遍満存在」しているから、これを活力吸収法（プラナヤマ法）で体内へと取り入れるのである。これには一般に行われる深呼吸を用いる。

方法としては、まず呼気から始め、鼻から活身《いきみ》加減に使用済みの気を「フーッ」と吐き出す。そこでクンバハカを行い、止息によって気の出入りを止め、身体内を平衡状態にした後に吸気へと移る。吸気は、おちょぼ口にして、細い糸を吸い込むように、静かに、深く、長く吸う。次いでクンバハカを行い、再び呼気へと移行する。口から吸うのは、食事と同様に空気（気）を口から入れることで、「気」を意識して観念形成を促すためだ。なお、1回に3～5回の呼吸数が限度。一度に長い時間を費やすと、かえって疲労する懸念があるゆえと推測される。

人間というものは、そうやたらと病や不運に悩まされたり、虐《しいた》げられねばならぬものではなく、健康はもちろん、運命もまた順調で、天寿を終わるまで幸福に活き得られるように本来的には作られているものなのである。

『真人生の探究』

活力の吸収ルートの大半は空気

活力の吸収ルートの大半は空気で、残りのルートは食物、水、日光、土だが、これらの気の含有量は少なく、その証拠に食物や水は1週間くらい摂らなくても生きていられ、日光や土とは数カ月ほど触れなくてもまず大丈夫である。

食物については、天風は生まれた土地の周囲一里（4キロメートル）以内のものを食せと説いた。近場のものが新鮮なのと、同じ環境を共有する人間と食物の互いの細胞には親和性があると考えたゆえだろう。新鮮ということは含まれる活力も豊富であろうから、いくら保存方法が進歩したとはいえ、新鮮であるに越したことはない。地産地消である。

水を飲む時、天風は噛んでから味わうように喉へと送った。その理由は吸気する場合と同様、水とその本体である気を体内に入れることを観念化するためである。

日光に関しては、エネルギーを少しでも多く吸収するために裸を奨励した。今はさまざまな制限が加わるだろうが、できるだけ肌を露出するように勧める。

最後は土。日に一度は土の上に素足を乗せてほしい。自然との接触をうれしく感じ、懐かしく思うはずだ。現に植物は土と空から気を取り入れているではないか。

人間の心で行われる思考は、人生の一切をつくる。

『力の結晶』

天風式クンバハカ法の応用②——活力の移送法と養動法《ようどうほう》

次の方法は「活力の移送法」だ。身体内の患部、気の力が萎えているところに活力（生命エネルギー）を送り込み、回復を手助けする方法である。活力吸収法の応用であるが、まず活力の送付先を頭に描いて強く思念し、吸気の最中にその箇所に活力が入っていく様を想像し、これを観念化する。そして吸気を終えると同時に息を止めた（クンバハカ体勢）状態で、目的の箇所が活力を受容したと観念で断定する。そして呼気は、無邪気に活身加減に吐き出していくだけである。

最後は「養動法」である。全身の活力分布の平均化を図るのを目的とし、さらに腰部を起点にして背部の筋肉の緊張を取ることで、その要因でもある神経系統の異常興奮を鎮めると共に、歪んだ姿勢の矯正が図れる。

基本的な方法は、あぐらの姿勢で静坐して、印を組んだ両手を両足の上に置き、無意識的なクンバハカ体勢で、へそを中心にして「の」の字を書くような感じで腰部を揺するようにゆっくりと廻す。すると、どことなく精神的な落ち着きが現れてくる。だから精神的な緊張を覚えたときには、ぜひやってみられるようにお勧めする。なお「貧乏ゆすり」も緊張をほぐすが、養動法の効果はその比ではない。

四十や五十はもちろん、七十、八十になっても情熱を燃やさなきゃ。明日死を迎えるとしても、今日から幸福になって遅くないのであります。

『君に成功を贈る』

肉体生命と精神生命

人間の生命には、肉体生命と精神生命がある。肉体生命は肉体活動全般（個々の細胞活動から筋肉運動まで）を担当し、精神生命は脳（肉体生命により養われる）を座とする精神活動を担当するが、どちらがリーダーかといえば、精神生命である。

この二つの生命の関係を駕籠舁《かごか》きにたとえるなら、先棒（精神生命）が行く先の状況を分析して走り方を決め、後棒（肉体生命）は駕籠を支えつつ、先棒の判断に従ってついていく形になる。それぞれがひたすら自らの役割を果たしている状態が理想形なのだが、これが崩れた場合、その責任の大半は先棒にある。

これまでに述べてきたのは、人生という旅路で先棒を担ぐ心（思考と感情）の積極化をいかに図るかということであった。だが、どれほど素晴らしい道具であっても使いこなせないと宝の持ち腐れになるのと同様に、心の持ち方がいくら積極的であっても、心の使い方が正しくなければ、精神生命の働きが完全（最も理想とする状態）とはいえなくなる。結局は、心の積極化を図るだけでなく、それと並行して、正しい心の使い方の訓練をしなければならないのである。

その正しい心（精神）の使い方の原則こそが、精神統一である。

理想は、よしんば、そのことが理想するところに到達しなくても、絶えずその理想へ意志するという気持ちを変えないことが、人生を尊く生かすことになるんだ。

『力の結晶』

精神統一と集中

精神統一とは、心（精神）が、心を向ける対象である事物・事象の方へ動く（移動する）ことなく、本来のあるべきところにドンと据わっている状態である。

多くの人は、心の対象となる事物事象に「気を散らさずに、一心不乱に心を注ぐ」ことを精神統一と思っているかもしれないが、天風は「それは間違いで、精神統一ではない」と次の図式で説明している。

〈心〉↓〈事物／対象〉……傾注、執着

〈心〉↑〈事物／対象〉……集中、統一

ポイントは矢印の方向である。一般に「↓」の方が集中・統一のイメージであるが、これは傾注・執着であり、捉われを表している。何かを目にしたり、何かを耳にしたり、また何かを行っている時、一心不乱に心を注ぐのは、心が対象の囚われの身になって動けない状態、つまり心が主体性を失っているのである。

笑顔は、万言《まんげん》にまさるインターナショナル・サインなんです。

『君に成功を贈る』

心の居場所

反対に「↑」の方は、心が本来あるべきところから動かないことによって、主体性を失わず、心が対象を明確に捉えている状態を表している。

具体例として、大好きな名曲を聴いている場面を思い浮かべてみよう。

心を曲の方にばかり向けて一心不乱に聴き入っていれば、一見すると精神を集中しているかのようにも思える。だが、その実態は曲に心を奪われており、心の方から曲を聴きにいってしまっている。つまり、曲に傾注・執着してしまっている状態になっているのである。

これに対して集中・統一している状態とは、聴こうとして耳を傾けるでもなく、聞こえてくるに任せて何心もなく心静かに聴いているという様子で、これはむしろ曲の方からこちらの心に飛び込んできている状況だといえる。

以前にも、積極心を作るには、何はさておき意識を明瞭にして、暗示を明示に切り替えること、つまりは自分の心を主体的に使って暗示に振り回されないことが肝要だと述べたが、これは心を使う場合においても同様だ。留意しておくべきは、自分の心の使い手は一体誰なのかということである。

自己陶冶《とうや》とは、あたかも鋼鉄を鍛えるのに等しい。鋼鉄は鍛えれば鍛えるほどその質を良好にする。人間も自己を陶冶すればするほどその人格は向上する。

『研心抄』

心の分散を生じさせやすいケース

精神の集中・統一を図るための下準備として、俗にいう「気が散る」の類を解決させておかなければいけない。〝心ここにあらず〟の状態は集中以前の問題であるから、心の分散を生じさせやすいケースを紹介しておく。

一つ目は、心が急く時。焦らないためには、時間的余裕を持って行動するように習慣付けするとよく、やたらと慌てる人は「お前は慌てなくなる」と命令暗示をかけたり、どうしても急く時は「落ち着け、落ち着け」と口ずさむのも防止手段となる。二つ目は、興味が薄い時だ。興味が薄くてやる気が起こらないと、結果が不首尾になることが多い。何事にも興味を持つには、その前段階として、意識的にさまざまな物事に注意を向けるようにする必要がある。三つ目は、値打ちを感じない時。価値（見返り）がないと真剣さが欠け、片手間となってしまうことがある。だが、動物はそういった手抜きを絶対にしない。何事をも真剣に集中して行う。見本とすべきである。

最後は、慣れている時だ。猿も木から落ちるというが、慣れて集中力が薄れてきたころに案外と失敗が起こりやすい。野球の守備の名手がエラーする時は、ボールから目を離した瞬間だというが、心が離れたために目が離れるのである。

消極的なことが心の中に浮かんできても、
相手にしないこと。冷遇しなさい、何も
それを優遇する必要はない。

『幸福なる人生』

心の転換

傾注や執着が続くと、接着剤で固まってしまったかのように、心がその事物・事象から離れられなくなることがあり、これを固着という。

たとえば、「あの事がいつまでも心に残っている」とか、「あの日から忘れられないでいる」とか、あるいは「一生忘れるものか」といったものである。

このような固着を引き起こす心は総じて消極心であり、積極心でそうした状態になることはまずないと言ってもよいだろう。

では、どうすれば傾注や執着、固着を修正できるかというと、ひたすら心の転換（気持ちの切り替え）を行って対象から心を離すしかない。つまり、心を対象のところに長く置かないようにするのである。先の図式からも分かるように、精神統一とは心が動いていない状態で、換言すると、精神統一をするには、主体性を持って心が動かないようにコントロールすることが肝要だ。

いったんは集中できたとしても、ちょうどヨーヨーを手元に戻すようにして、心を元の位置に戻さないと、心の動きは一瞬にして傾注、さらに固着へと変わってしまうから、転換はこれの防止策、解決策といえる。

人間の行為に、まごころのこもってなされるものとその「否」との場合は、その結果の事実のいかんにかかわりなく、その行為の「尊さ」というものに、すこぶる格段の相違がある。

『叡智のひびき』

「石化の機」と「心の置き所」

前述した固着と転換に関連して、沢庵《たくあん》禅師が柳生但馬守《やぎゅうたじまのかみ》に与えた「不動智神妙録」の2カ所のくだりを紹介したい。（市川白弦著『沢庵』講談社より）

○石化の機：「石化の機ということがあります。間、髪を容れずと同じ意味です。石をハタと打つと、瞬間、光が出るが、打った刹那に出る火だから、間も、すきまもないことです。これも心を止める間のないことをいいます。単に早いことだと思うのは間違いです。心を物に止めないところが肝心です。早いことにも心が止まらぬことをつきつめていっているのです。心が止まれば、我が心を人にとられます。早くしようと思い設けて早くすれば、その思い設ける心に、また心を奪われます」

○心の置き所：「心をどこに置いたらよろしいか。敵の身の動きに心を置けば、敵の身の動きに心を取られる。敵の太刀に心を置けば、その太刀に心を取られる。敵を切ろうとすることに心を置けば、切ろうとするところに心を取られ、自分の太刀に心を置けば、自分の太刀に心を取られ、切られまいということに置けば、切られまいとするところに心を取られる。相手の構えに心を置けば、その構えに心を取られる。要するに心の置き所はないということです」

心をば静かに澄ます　空《くう》の空

『天風誦句集』

無念無想

武士が複数の敵と立ち合っているとする。そのうちの一人に心を捉われると、残りの者から心が離れ、彼らに切られてしまう。すべての相手に対して集中するには、石火の如くに、あるいは間髪を入れずに〝集中と転換〟を行うしかない。この境地を表す語句が無心であり、無念無想である。

「無」とは、心が消え失せてどこにもないという意味ではない。ないのは、対象に主導権を握られてあちらこちらへと動く心、何かに捉われて動けなくなっている心であって、定位置から動いていない心は現として在るのだ。

何事にしろ、行うのはあくまで身である。脳で考えて判断した内容を、命令として運動神経を介して筋肉へと伝え、それを筋肉が実行して結果を出す。何も思わず、何も考えずの行動はおよそあり得ない。武士とて、太刀をどう使って攻めようか、相手の太刀をどう防ごうかと考えながら、心を使いながら立ち合っているはずだ。それなのに、心を何ものにも捉われず、四方八方に自在に動かせというのは、凡人には無理に思える。だが、天風は「人間にできないことは教えない」とサラッと言ってのけた。

働くことは恩恵

どんな身分になろうと、健康である限り、働かなくてはならないようにできています。

これ、人間として生まれた者に与えられた大きな恩恵であり、慈悲であります。

『君に成功を贈る』

精神統一の究極の目的

私が考えるに、精神統一の究極の目的は、事を行う筋肉を、いかに素早くかつ正確に動かすかということだ。換言するなら、心を分散し、固着させることで生じる筋肉の動きの鈍りやブレを、心を集中させる精神統一によってなくすことだ。

こう考えるに至ったのは、ある名匠と称えられる人が「どうしてこんなにも素晴らしい作品ができるのですか?」とインタビューで尋ねられた時、「いえいえ、手が勝手に動くのですよ」と答えていたのを聞いたことが発端だった。

「勝手に動く」とは、手を動かしている最中は心の介在がない、つまり心が動いていないのではと推察される。この名匠が製作中に行っているのは、作品を見つめながら何心もなく手を動かしつつ、出来具合を確かめる時だけ集中して作品を観察し、また瞬時にそこから心を離す、ということだと思われる。

こうして考えてみると、精神統一のカギを握るのは転換だと思う。固着系の傾注や執着から心を離さない限り、集中があり得ないからである。そして精神統一を目指す上において最も留意しておくべき前提条件は、間違いなく一に意識が明瞭、二に気持ちが真剣であることだといえる。

病は怖《おそ》ろしきものならず、これを怖れる
心こそ怖ろしい！

『真人生の探究』

精神統一のイメージ

集中↓転換↓集中↓転換↓……の流れを、私はフィルム映画の仕組みと重ねてイメージしている。フィルム映画は、一枚一枚の写真を高速に連続して送ることで写真どうしの境が消え、スクリーン上にスムースな動きとなって映し出されるが、送るスピードが遅いと、映画創世記の活動写真のようにギクシャクとした動きになる。写真を「集中」、写真間の境を「転換」とみなせば、集中と転換がものすごいスピードで間断なく繰り返されると、そこに現れるのは途切れない集中、イコール精神統一ということになりはしまいか。

普通は同時に二つのことをするのは無理である。よしんばするにしても、目にも止まらぬ速さの〝集中と転換〟が必要となる。

聖徳太子は同時に7人（あるいは10人）の話を聴いたというが、天風も同様に、英文タイプを打ちながら、異なる外国語のテープを聴き分け、同時に会員の相談に応じていたと聞く。私自身も、天風が勉強用の外国語のテープをBGMかのように聴きながら、毛筆で書をしたため、傍らにいる人と雑談に興じていたのを目撃したことがあるが、天風は「誰にでもできることだ」とサラリと言ってのけた。

人生に最も注意すべき事は、得意の時はひとしお心の備えを緩《ゆる》めぬよう、心がけることである。

『真理のひびき』

それはそれ、これはこれ

いきなり同時に二つのことに対処しようとしてもまず無理で、精神統一のコツを修得するには、段階を踏んで練習せねばならない。最初は、どうしても心が分散しがちなところを、「それはそれ、これはこれ」として心を向ける対象を一つに絞り、分散を防ぐことから始める。傾注になると思うかもしれないが、分散の防止が第一段階の目的だからよいのである。

一つのことに心を向けている時は、「今はこれだけ」と強く自分に言い聞かせる。同時に大事なのは、そのことに対処する時間を短縮する努力をすることである。その努力を続けていると、処理時間が短縮されていく上に、傾注のリスクが軽減され、集中力も養われる。

処理が速くなれば、多くのことに対処できるようになる。ただ、精神統一の必須条件である明瞭な意識と真剣な気持ちの維持に留意すること。ちなみに脳の血流低下があると意識が不明瞭となるが、睡眠不足や満腹はその要因の一つだ。とにかく何事にも意識を明瞭にし、真剣に立ち向かえば、それが集中力を生んで処理能力が高まるだけでなく、不思議と傾注・固着が起きないものだ。

第五章
人生は心ひとつの置きどころ
――中村天風が伝えたかったこと

人生は心ひとつの置きどころ

『君に成功を贈る』

天風が見せた「誠」の心

玄洋社の頭山満《とうやまみつる》の下にいたことで、天風はややもすると右翼思想の持ち主と思われるかもしれないが、その心は正に真中一筋。天風が言うところの、日本人に固有の心（大和心）そのものであった。頭山翁はこの心を尊重し、天風に一目置いていたという。さらに言うなら、天風の心の中核をなす〝天風魂〟は造物主（宇宙霊）の心そのもので、具体的に挙げれば、誠、愛、勇気、調和となって表れていた。

誠。私の母の話であるが、天風に何度も叱られ、無視と同様の意地悪をされ、その都度「なぜ自分だけがこんな目に？」と悔し泣きしたという。しかし、絶対に卑屈になるまい、先生を恨むまいと心に決めて明るく振る舞っていると、また何事もなかったように受け入れてもらえたという。天風はあえて母を突き放し、それでもついてくるかを試したのである。何度かこのような経験をするうち、母は「これが私を一人前にしようとする師の『誠』の心か」と気づいた。以降は潜在意識で師の心と固く結ばれ、目を見れば師が何を思っているか、すぐ捉えることができるようになったという。誠の心が相手に通じると、自分への信となって還ってくる。誠の心が本物であるのなら、一度結ばれたこの絆が切れることは絶対にないのだ。

わが人生は、事あるも事なき日と同じく、洋々《ようよう》として和《なご》やかなること　さながら春の海の如《ごと》くあらん。

『真理行修誦句集』

親切とは見返りや対価を求めない一方通行の「愛」

愛。古来より霊魂の属性として最も崇高なものとされ、異性間、親子間の愛情、あるいは年長者から年少者、高位の者から低位の者、強者から弱者への慈しみ、憐れみ、同情、寛容などとして表現され、その一方で受けた者からは敬意、尊敬となって授けた者へとフィードバックされる。

親切。孔子は、この種の他者に対する慈愛を「仁」と表現し、君子が持つべき最高の徳と説いている。この心情が我が国において具体化したのが〝武士の情け〟である。強者から弱者、とりわけ勝者から敗者に対して注がれる情のことだが、ただし〝情け〟は上から目線であってはいけない。情けは人のためならずで、立場が代われば今度は自分だという考えに立って情を注ぐべきである。かといって、相手の気持ちを推し量ることのない親切の押し売りもよくない。時として相手にとってはありがた迷惑となるばかりか、単なる自己満足となりかねないからである。

親切も三行の一つである。天風は深く切ない想いという意で「深切」と書いたが、他者を慮ることによって生じる愛の一形態で、見返りや対価を求めない一方通行の愛である。お返しを求める場合は、理性心が作った「親切もどき」となる。

船に乗っても、もう波が出やしないか、嵐になりはしないかしら、それともこの船は沈みはしないかしら、と考えていたならば、船旅の良さ、快適さは何もあるまい。人生もまたしかり！

『運命を拓く』

人の心は「潜在意識」で捉える

苦しんでいる時に「ひと言、優しい慰めの言葉をかけてもらえればどれほど元気が出るか分からないのに」と思っても、天風がその人に優しい言葉をかけることはなかったように記憶している。現に、私もこちらの消極心を見抜かれてにらまれることはあったが、幼児のころを除けばただの一度も褒められたことがなかった。

だが、その一方で冷たい人だと思ったことは微塵たりともなかった。口に出さずとも、態度に出さずとも、自分を鍛え育てようとしてくれている天風の愛情を、潜在意識でしっかりと感知していたからである。

人はとかく実在意識で物事を捉える。事物・事象はそれでよいし、確かにそのための実在意識でもあるのだが、こと心に関しては、とりわけ宇宙霊に属する心については、潜在意識で捉えるしか手段がないのである。

したがって、人の真意をつかもうと思えば、それこそテレパシーが役立つ。それができなければ至難の業となる。だから「あの人の心の内はこうですよ」というような第三者の思いや言葉を鵜呑みにしているようでは、自分の心が何処かへと行ってしまっていることになる。心は自分で使うものである。

自分でいろんな屁理屈をつけて自己弁解したって、それはだめですよ。

『成功の実現』

「勇気」は恐怖に打ち勝つ最強の武器

勇気。積極観念の養成法に正義の実行が出てくる。そもそも義とは人の道であるから、正義は人の守るべき正しい道となる。「義を見てせざるは勇なきなり」という有名な言葉があるが、これは正義だと知りながらそれを行わないのは勇気がない証拠であるという意味だ。

天風は、この勇気を敢然として発現させている。平《たいら》炭鉱（福島県）の争議の調停を依頼された際、荒くれ男たちが撃つ鉄砲玉をものともせずに橋を渡り、彼らと交渉し、これを解決したのである。後に天風は、その時の心境を「正義を行おうとする者に、銃弾が当たるはずがない」という強い信念があったからこそできたのだと述懐しているが、これこそ勇気を持って正義を実行した、模範となるべきものである。

勇気は恐怖に打ち勝つ最強の武器であるが、その在りかは潜在意識領である。これを実在意識領へと上げてくるのに、最も必要となるのが、六つの力の一つである「胆力」だ。だからこそ、戦場で命のやり取りをするかもしれない武士の子は胆力を鍛錬することを要求され、今なら虐待といわれても仕方がないほど、獅子が子を千尋の谷に突き落とすがごとく徹底的に鍛えられたのである。

病弱者はできる限り嫌いなものは食せず、嗜好《しこう》するものを食すようにするのがよい。これは、すこぶるわがままなようであるが、無茶苦茶に嫌いなものでも我慢して食すということは、身体に無謀《むぼう》な圧迫と活力の減損だけを招致《しょうち》する。

『錬身抄』

「調和」は人為的に作るものでなく、自然と発生するもの

調和。日本人の心は総じて穏やかで協調的で、他に同情を寄せ、迷惑を及ぼさないように自制するなどの特長を有する。おそらく、自然の変化に順応せざるを得ない農耕民族としての心の態度がＤＮＡに組み込まれているからであろうが、自然任せゆえの消極心を抱きやすいという欠点も受け継いでいる。

２０２１年にノーベル物理学賞を受けられた真鍋淑郎先生が、「私は調和の中で生きる能力がない。日本人は互いに邪魔しないように協調するが、米国では他人が感じることをあまり気にする必要がない」と、米国に帰化した理由を挙げておられたが、日本では調和を優先するあまりに個が埋没しかねないということである。

個々が担当分野でベストを尽くすことによって醸し出されるのが調和であろうが、日本では先に調和と思しきものを作ってから、皆で仲良く、となる。だが、本当の調和は人為的に作るものでなく、自然と発生するものだ。そこで、天風は「美しい」というのは「しっくりと調和している」という意味で、宇宙の本来の姿であり、人生の実相であり、生命の本然の姿であり、これこそが自然性であるとし、そして調和の基盤をなすのはあくまでも精神態度の積極化であると説いた。

誰にも頼まれもしないのに、持たずとも
いいものを一生懸命持って、重い重いと
困ってる。
そういう人間がいたら、褒《ほ》めるか笑う
か？

『心を磨く』

日本人が誇るべき「大和心」

戦後（第二次世界大戦）まもない頃に天風は、「これからしばらくは赤の時代が続き、その後にユダヤの時代がやってくるが、それもやがては終わり、それからがいよいよ日本の時代だ」と口にしたと聞く。まるで予言かのような、その言葉どおりの世の中の変化である。

右寄りの軍国主義が終焉するやいなや、反対側の共産主義への揺り戻しが続き、やがてそれが落ち着くと、今度は経済至上主義という物欲が幅を利かす時代が続いている。天風が「人の道には右も左もない。真中一筋、誠一本だ」と喝破したのは、思想（心の道）には左右も我欲（物欲もその一つ）もないのが宇宙真理で、その具体化の先頭に立つのは大和心を保有する日本人であるとの確信に基づくものだ。

天風には世界中の人々と触れ合った経験や、武士の家系という遺伝子要因があるゆえかも知れないが、とにかく日本と日本人が大好きだった。だからロックフェラー三世にアメリカでの講演を懇願されても、「日本人に教えるのを優先する」と断っている。災害が起こると、外国では略奪が発生するが、日本では起こらない。いざという時に本心が現れる。日本人の心の特性を大切にし、誇りとしたいものである。

幸福も健康も成功も、ほかにあるんじゃないですぜ。あなた方自身のなかにあるんだぜ。

『君に成功を贈る』

天風の「真理瞑想行」

天風は自らが主導（主宰者）となって全国各地で修練会を開催した。

メインプログラムは、参加者に宇宙真理を悟らせることを目的にした真理瞑想行であったが、行う理由を次のように述べた。「私は人間に絡まる宇宙真理を悟ることでまさに死直前の生命を甦らせたが、諸君が私を真似てインドに行って修行したからといって、真理を悟ることは間違いなく無理である。だがこれを叶える方法がある。それは私の悟った内容を、無邪気な気持ちで聴き、それをそのまま心の奥（潜在意識）に入れれば、悟ったことと同じだからである」。

実際には参加者が目を閉じて安定打坐体勢（天風式座禅法）で坐わり、天風が諭すように語りかける言葉に耳を傾ける方式を採るが、これはウパニシャッドの方で聖者（師）と弟子が近侍して、マンツーマンで奥義を伝える方式に倣ったもので、天風は全員に対してではなく、参加者の一人ひとりを対象にするかのように語りかけた。

本来の真理瞑想は、その字のごとく静かに目を閉じて、与えられた問題（真理）についで答えにたどり着くまでひとりで深く思量し続けるのであるが、私たちにはできないと観た天風は、自らの思量内容を基にして話を構成したのである。

命の中に与えられた力の法則というものを正しく理解して人生に生きる人は、真に限りなき強さと喜びと沈着と平和とが、つくろうと思わなくてもできあがってくるようにできている。

『力の結晶』

『運命を拓く』の正しい読み方

多くの人に読まれている『運命を拓く』の内容は、真理瞑想の音源を文字化したものだ。天風存命中なら文字化は許されなかっただろう。だから読むにしても、読みながら考え（できるだけ深く）、考えながら読んでほしい。また何度も読み返してほしい。その時の心理状態によって読み方が変わるからで、読む機会が多ければ多いほど、心が広く、深く、きれいになっていくからだ。

本の読み方は人によってまちまちで、特に生（活）き方がテーマの場合は思考回路にない話だと新鮮味を覚え、あると自身のそれと比較する。世人が認める人たちがこの教えに感動するのは、天風と直に触れたにしろ、本で触れたにしろ、自身の生活信条（いわば人生哲学）と合致するからで、裏を返せば、その人たちが正しい人生を歩んできた（歩んでいる）ことの証左ともいえる。

天風は「人間がすることは、誰にだってできる」と言った。持ち前の潜勢力（六つの力）に優劣があるのは抗しがたい天命であるが、それ以外の運命（宿命）は自分で拓けるようになっている、と断言する。大谷選手に嫉妬する人は誰も居まい。天分と努力をリスペクトするからだ。野球は彼に任せ、自分の人生は自分に任せよう。

「恵まれたときよりも、恵んだときのほうが喜びが大きい」という言葉がありますが、あなた方は、どっちがうれしい？

『信念の奇跡』

暗示誦句《しょうく》

真理瞑想の最後に唱和する誦句《しょうく》は、天風が修行したヨガの里のあちらこちらの岩肌などに書いて（刻んで）あるウパニシャッド哲学の箴言や格言を原典にして、天風が独自の文体を用いて作り上げた、いわば真理瞑想の各テーマに関する答えのようなものだ。正式には暗示誦句といい、観念要素の更改法での自己暗示と同様に、意識を明瞭にしてつぶやくように自分に言い聞かせて、潜在意識に注入することで誦句の観念要素化を図る。だから繰り返し行えば行うほど、暗示効果が増して当然である。

思い出そうともせずに誦句の文言が口から出るようになったらしめたもの、観念要素化された証拠で、いざという時に誦句が自然に浮かんでくる。たとえば負けそうになった時には、「私は、力だ。力の結晶だ」が、弱気な言葉が浮かんできた時には、「私は今後かりそめにも、我が舌に悪を語らせまい」が、重い病が判明した時、運に見放されたと感じた時には、「たとえ身に病があっても、心まで病ますまい。たとえ運命に非なるものがあっても、心まで悩ますまい」が、といった具合にだ。そうすると消極的な思考や感情を発生させなくても済むように必ずなっていく。初めのうちは誦句の文言が難しいかもしれないが、それでも暗唱を続けていくことが大事である。

知ることは聡明を増すことである。
しかし、正しく考えることはいっそう心を研《と》ぐことになる。
更に行ずることによって、自らを正しく救うことになる。

『哲人哲語』

夏に修練会を行った理由

修練会を夏期に行ったのには目的と理由がある。

真理をつかむ以外に身体を鍛える目的があった。真理を悟るにしても、心を強くするにしても、精神活動を担保するのは身体であるからで、これに最適な時期として、生命活動(気の活動)が旺盛な夏期を選んだ。

修練会のスタイルは、できるだけ肌を露出し、裸足だ。昨今は何かとクレームが付くが、往時は何ら抵抗がなかった。「気」の取り入れには、脳への直接的なルートが主だが、別に空気、日光、土、食物、水を媒体とした間接的なルートがある。夏は日照時間が長く、日差しも強い。樹木には葉が生い茂るから、「気」の分量が多いと容易に想像がつく。当然、肌を透して「気」が吸収される。素足だと土中の精気が足底から直接に入ってくる。夏は汗をかくから水分摂取が増える。修練会中の食事に関しては、インドでの体験を基に、野菜と果物に限定するよう指示された。

今ではもはや無理なスタイルだが、人目のつかぬ処とか、家の中では可能ではないか。現に家での著者は、短パン一枚、素足で50年前と同じスタイルで夏を過ごしている。

ひたすらに人の世のため活きなんと
思う命に光あるかな
まず何をおいても、人生に対する尊貴な
義務から実行しよう。

『真人生の探究』

「クンバハカ」と「胆力」の養成

電気エネルギーが神経線維を伝わるスピードは毎秒120メートルとされるから、感覚器官が受け取った情報（外力による刺激）は、受け取ると同時に中枢神経（脳と脊髄）に届いていることになる。だから脳の判断を待つことなく脊髄反射が起こるわけで、クンバハカによる対抗処置を講じる頃には、すでに幾分かの活力を消耗（浪費）していることになる。

このロスを少しでも防ぐ方法はないかと考えてみると、身体を常にクンバハカ体勢にしておく。つまり人間本来の〝ありのままの姿〟の構築だ。意識的なクンバハカ体勢が間に合わないのなら、常にクンバハカ体勢でいる。そうすればイザというときに、身体の方でひとりでに幾分かは対処してくれる筈だ。

もう一つは、胆力をクッションのように利用し、衝撃の強さを下げるようにする。衝撃自体は避けられないし、感覚神経を伝わるのもストップできないとなると、感覚器官をいわば鈍感にするのである。予防接種で痛がる子と、そうでない子がいるから、胆力にも先天的に差があるようにも思えるが、胆力を養うことは可能で、経験を重ねていけば、胆力によって感覚器官の過敏度が和らいでいくからだ。

ほんとうに現在よりもより良い人生を生きようと願うなら、人間なんていうものは何の価値もないもののように考える考え方は、断然自分の中から切り捨てなければならない。

『真人生の探究』

「観念を断定せよ」

それが何であれ、行動を起こすときには観念の断定が大事だ。観念要素の更改法で行う自己暗示誘導法の三つ目の断定暗示法の実践である。「何とはなしに行う」では困るからだ。

休むときは、心も身体も徹底して休ませる。しかし判断力で行動すると決めたら、断行力を駆使して徹底的に行う。何でも中途半端が一番よくない。

俗に「ながら族」というが、人間は二つの事を同時にできないから、一つを主にすれば、もう一つを従にせざるを得ない。これは思考においても、行動においても、必ずあてはまる。中途半端（いいかげん）を避けるには、気を込め、真剣になる。ライオンですら、狩りをするときは真剣だ。手を抜くことは決してない。

天風は何かにつけて「観念を断定せよ」と言った。潜在意識で運動神経が筋肉を使っている最中は、実在意識の関与はない。その筋肉運動を操作しているのは潜在意識にある観念だ。それに我が意思が関与できるとしたら、明瞭な意識で「今、○○をしているぞ」と強く意識するしかない。するとこの断定を受けた観念の操作がより明確になっていくからだ。

憎い人があろうはずがない。
あなた方がなにか憎らしいことを考えているだけだ。

『君に成功を贈る』

オーラの本体は「気」

天風は、クンバハカ法を解説する際にオーラについて触れている。人体には、自然界の磁気とは異なる特殊な磁気が存在していて、この量の多少がその人の精神状態や肉体の健康状態に影響する、あるいはこれを超短波の光として感じることができると述べている。すると、磁気も光も電気エネルギーであるから、オーラの本体は「気」となる。現実的に捉えても、活躍中のアスリートやタレントにはオーラを感じる気がするが、私は医者としてこのオーラを案外と重視した。症状が重くて病態が悪い場合に、診察や検査の所見の他に、身体からオーラが出ているかどうかを判断材料に付け加えたものである。

オーラは、先にも書いた建設の「気」にあたり、生命エネルギーの強さと量の現われに等しい。オーラを強く感じる人は、総じて心が積極的な人で、造物主からの生命エネルギー（活力）の供給を思う存分に受け入れることができている人にちがいない。

だから天風は偈辞《げじ》（思考作用の誦句）の中で、「宇宙霊は、人間の正しい心、勇気ある心、明るい心、朗らかな心という、積極的な心持ちで思考した事柄にのみ、その建設的なる全能の力を注ぎかける」と示唆している。

今日一日
怒《いか》らず　怖れず　悲しまず
正直　深切《しんせつ》　愉快に

『天風誦句集』

「楽しい」が一番

積極心の一つに「楽しい・愉しい」がある。「好きこそものの上手なれ」という諺には、（好きだから→熱心に努力するから→上手になる）の意があるが、上手になると→もっと好きになり→さらなるレベルアップを目指して努力する、といった好循環が自発的に生まれる。

大谷翔平選手を観ていると、まさにこの構図があてはまる気がする。想像するに、少年の頃に野原で野球ごっこをした時のワクワク感が今も残っているのだろう。彼の目と表情が「野球が楽しい、好きでたまらない」と言っている。彼が描いた曼荼羅のような図を見たことがある。因が果となり、それが次の果の因となり、ステップアップを繰り返して夢が実現するようになっている。天性の素質に加え、なりたい理想像をイメージし、そこに到達するプロセスを明確に描き、努力した結果が今の輝きだ。

どこかへ行きたいと想うから、そこへと向かう。誰だってしていることである。想うと、そうなる方法を思考し、実行に移すようになっている。「なりたい」ではなく、「必ずなる！」。この自己暗示は強い観念となって、希望の実現へと必ず誘導してくれる。

おわりに

インドでの「悟り」を、天風哲学および心身統一法へと発展させた天風の狙いは、世の中のすべての人を病気や煩悶から解放し、誰もが幸福を感じられるようにすることにあった。それはこの教えの習得と実践を確実に行えば、生まれながらにして皆が一様に保有している「潜勢力」が発現してきて、他人に頼ることなく、自分の力であらゆることを実現させることができるという、強い確信があったからだ。

ところが大抵の人は、「自分で解決できるくらいなら悩みはしない。教えの理論は確かに素晴らしいと思うが、実践するのはとても無理だ」となってしまう。しかし天風が人間にできないことを私たちに要求することはない。

だからそれには、まず頭の中を空っぽにして、いったん教えとの関わりを持ったら、絶対に途中で止めないことである。

さて、天風の名言が心に響いただろうか。

その背後には、天風の思想（天風哲学）があり、自ら創見《そうけん》した心身統一法がある。今回はこの心身統一法の教科書ともいうべき、『真人生の探究』の私なりの解釈を提供し、読者の心身統一法の実践のお手伝いを試みた次第である。

突然「心や身は人生で使う道具であって私ではない」と言われてもピンとこないだろうが、それは自分に経験智や経験則がないだけのことだ。真理が変わることは絶対にないから、天風ドクトリンを素直に信じ、心身統一法を実行してほしい。必ずや成果が現れてくるはずである。

今回は『真人生の探究』を読むお手伝いをしたが、いずれ機会があれば、天風哲学について著した『研心抄』に触れてみたいと思っている。

2023年7月

今川得之亮（中村天風財団講師）

●引用文献

【中村天風著】

『真人生の探究』
『研心抄』
『錬身抄』
『安定打坐考抄』
『哲人哲語』
『天風誦句集』
『真理行修誦句集』
以上、天風会

『叡智のひびき』
『真理のひびき』
以上、講談社

【中村天風述】

『運命を拓く』
以上、講談社

『成功の実現』
『盛大な人生』
『心に成功の炎を』
『信念の奇跡』
『君に成功を贈る』
以上、日本経営合理化協会

『幸福なる人生』
『心を磨く』
『力の結晶』
『真人生の創造』
以上、PHP研究所

『天風先生座談』(宇野千代著)
以上、廣済堂出版

●制作協力

中村天風財団（公益財団法人天風会）

中村天風「心身統一法」を普及する公益法人。

創立は1919（大正8）年、天風が自らの体験と研究の成果を辻説法という形で人々にうったえかけたことが会のはじまり。

1962（昭和37）年に厚生省(当時)許可の財団法人となり、2011（平成23）年に内閣府認定の公益財団法人に組織移行。

誰でも気軽に参加できる講習会・行修会などを全国で定期的に開催。

所　在：東京都文京区大塚5-40-8　天風会館
連絡先：TEL 03-3943-1601 info@tempukai.or.jp

●中村天風財団ホームページ

https://www.tempukai.or.jp
中村天風の経歴紹介
天風哲学・心身統一法に関するセミナー情報
書籍・CD等の販売

●天風メルマガ

https://www.tempukai.or.jp/m-magazine
元気と勇気がわいてくる哲人の教え、『中村天風の語録と解説』をメールマガジンにて配信しています。
人生の深い洞察から生まれた天風哲学のエッセンスを毎日一話あなたの元へお届けします。（配信：中村天風財団／購読料無料）

中村天風

なかむら・てんぷう●1876(明治9)年生まれ。本名 三郎。日露戦争の時に軍事スパイとして従事。終戦後結核を発病し、心身ともに弱くなったことから人生を深く考えるようになり、人生の真理を求めて欧米を遍歴。一流の哲学者、宗教家を訪ねるが望む答えを得られず、失意のなか帰国を決意。その帰路にヨガの聖者と出会い、ヒマラヤの麓で指導を受け、「自分は大宇宙の力と結びついている強い存在だ」という真理を悟ることで、病を克服し運命を切り拓く。帰国後は実業界で活躍するが、1919(大正8)年、病や煩悩や貧困などに悩まされている人々を救おうと、自らの体験から"人間のいのち"の本来の在り方を研究、「心身統一法」を創見し講演活動を開始。その波乱の半生から得た「人生成功の哲学」は、触れる者をたちまち魅了し、皇族、政財界の重鎮をはじめ、各界の頂点を極めた幾多の人々が「生涯の師」として心服した。1968(昭和43)年の没後も、天風門人となる者が後を絶たない。

宝島社新書

中村天風の名言
人生を変える120の教え
（なかむらてんぷうのめいげん
じんせいをかえるひゃくにじゅうのおしえ）

2023年8月16日　第1刷発行
2024年8月20日　第2刷発行

言　葉　中村天風
解　説　今川得之亮（中村天風財団講師）
発行人　関川　誠
発行所　株式会社　宝島社
〒102-8388 東京都千代田区一番町25番地
電話：営業　03(3234)4621
　　　編集　03(3239)0927
https://tkj.jp
印刷・製本　中央精版印刷株式会社

ISBN 978-4-299-04429-7